L&PM POCKET ENCYCLOPAEDIA

Evolução

Série L&PM POCKET ENCYCLOPAEDIA

- *Alexandre, o Grande* Pierre Briant
- *Budismo* Claude B. Levenson
- *Cabala* Roland Goetschel
- *Capitalismo* Claude Jessua
- *Cérebro* Michael O'Shea
- *China moderna* Rana Mitter
- *Cleópatra* Christian-Georges Schwentzel
- *A crise de 1929* Bernard Gazier
- *Cruzadas* Cécile Morrisson
- *Dinossauros* David Norman
- *Economia: 100 palavras-chave* Jean-Paul Betbèze
- *Egito Antigo* Sophie Desplancques
- *Escrita chinesa* Viviane Alleton
- *Evolução* Brian e Deborah Charlesworth
- *Existencialismo* Jacques Colette
- *Geração Beat* Claudio Willer
- *Guerra da Secessão* Farid Ameur
- *História da medicina* William Bynum
- *História da vida* Michael J. Benton
- *Império Romano* Patrick Le Roux
- *Impressionismo* Dominique Lobstein
- *Islã* Paul Balta
- *Jesus* Charles Perrot
- *John M. Keynes* Bernard Gazier
- *Jung* Anthony Stevens
- *Kant* Roger Scruton
- *Lincoln* Allen C. Guelzo
- *Memória* Jonathan K. Foster
- *Maquiavel* Quentin Skinner
- *Marxismo* Henri Lefebvre
- *Mitologia grega* Pierre Grimal
- *Nietzsche* Jean Granier
- *Paris: uma história* Yvan Combeau
- *Platão* Julia Annas
- *Primeira Guerra Mundial* Michael Howard
- *Relatividade* Russell Stannard
- *Revolução Francesa* Frédéric Bluche, Stéphane Rials e Jean Tulard
- *Rousseau* Robert Wokler
- *Santos Dumont* Alcy Cheuiche
- *Sigmund Freud* Edson Sousa e Paulo Endo
- *Sócrates* Cristopher Taylor
- *Teoria quântica* John Polkinghorne
- *Tragédias gregas* Pascal Thiercy
- *Vinho* Jean-François Gautier

Brian e Deborah Charlesworth

Evolução

Tradução de JANAÍNA MARCOANTONIO

www.lpm.com.br
L&PM POCKET

Coleção **L&PM** POCKET, vol. 1038

Brian e Deborah Charlesworth são professores da University of Edinburgh e pesquisadores da área de genética evolutiva. Juntos publicaram *Elements of Evolutionary Genetics* (2010).

Texto de acordo com a nova ortografia.
Título original: *Evolution*

Primeira edição na Coleção **L&PM** POCKET: julho de 2012

Tradução: Janaína Marcoantonio
Capa: Ivan Pinheiro Machado *Ilustração*: Livinglegend / Shutterstock
Preparação: Elisângela Rosa dos Santos
Revisão: Patrícia Rocha

CIP-Brasil. Catalogação na Fonte
Sindicato Nacional dos Editores de Livros, RJ

C435e

Charlesworth, Brian
  Evolução / Brian e Deborah Charlesworth; tradução de Janaína Marcoantonio. – Porto Alegre, RS: L&PM, 2012.
  176p. : il. ; 18 cm   (Coleção L&PM POCKET; v. 1038)

  Tradução de: *Evolution*
  Inclui bibliografia e índice
  ISBN 978-85-254-2659-8
  1. Evolução (Biologia). I. Charlesworth, Deborah. II. Título. III. Série.

12-2303.   CDD: 576.8
                              CDU: 575.8

© Brian e Deborah Charlesworth, 2003
Evolução foi originalmente publicado em inglês em 2003.
Esta tradução é publicada conforme acordo com a Oxford University Press.

Todos os direitos desta edição reservados a L&PM Editores
Rua Comendador Coruja, 314, loja 9 – Floresta – 90220-180
Porto Alegre – RS – Brasil / Fone: 51.3225.5777 – Fax: 51.3221.5380

Pedidos & Depto. comercial: vendas@lpm.com.br
Fale conosco: info@lpm.com.br
www.lpm.com.br

Impresso no Brasil
Inverno de 2012

Sumário

Agradecimentos 8

Capítulo 1: Introdução 9

Capítulo 2: Os processos de evolução 12

Capítulo 3: Indícios de evolução: similaridades e
diferenças entre os organismos 19

Capítulo 4: Indícios de evolução: padrões no espaço e
no tempo 50

Capítulo 5: Adaptação e seleção natural 71

Capítulo 6: Formação e divergência das espécies 104

Capítulo 7: Alguns problemas difíceis 126

Capítulo 8: Posfácio 146

Leituras complementares 150

Índice remissivo 152

Lista de ilustrações 160

A John Maynard Smith

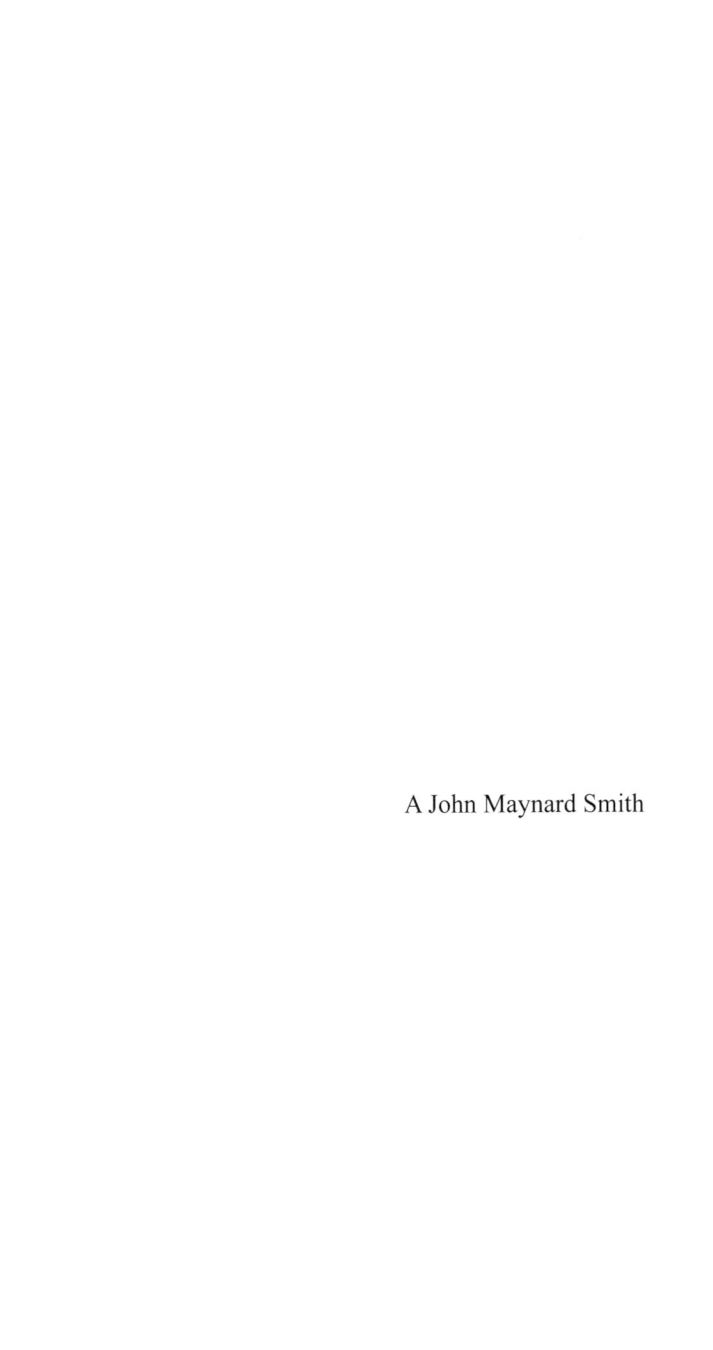

AGRADECIMENTOS

Agradecemos a Shelley Cox e Emma Simmons, da Oxford University Press, à primeira por sugerir que escrevêssemos este livro e à segunda por editá-lo. Agradecemos também a Helen Borthwick, Jane Charlesworth e John Maynard Smith por ler e comentar a primeira versão do texto. Todos os erros remanescentes são responsabilidade nossa.

Capítulo 1

Introdução

> Somos um só, nós e os seres rastejantes;
> E macacos e homens,
> parentes de sangue.
>
> Do poema "Drinking Song", de Thomas Hardy

O consenso na comunidade científica é de que a Terra é um planeta que orbita ao redor de uma estrela bastante típica, uma entre muitos bilhões de estrelas numa galáxia entre bilhões de galáxias num gigantesco universo em expansão, que surgiu há cerca de 14 bilhões de anos. A própria Terra formou-se em consequência de um processo de condensação gravitacional de gás e poeira, que também gerou o Sol e outros planetas do sistema solar, por volta de 4,6 bilhões de anos atrás. Todos os organismos existentes na atualidade são os descendentes de moléculas autorreplicantes que se formaram por meios puramente químicos há mais de 3,5 bilhões de anos. As formas sucessivas de vida foram produzidas pelo processo de "descendência com modificação", como o chamou Darwin, e estão relacionadas umas às outras por uma genealogia ramificada, a árvore da vida. Nós, seres humanos, somos mais próximos dos chimpanzés e dos gorilas, com quem tivemos um ancestral em comum há 6 ou 7 milhões de anos. Os mamíferos, o grupo ao qual pertencemos, e as espécies existentes de répteis divergiram de um mesmo ancestral há cerca de 300 milhões de anos. A origem de todos os vertebrados (mamíferos, aves, répteis, anfíbios, peixes) remonta a uma pequena criatura similar a um peixe que carecia de espinha dorsal, que existiu há mais de 500 milhões de anos. Recuando ainda mais no tempo, torna-se cada vez mais difícil discernir as relações entre os principais grupos de animais, plantas e micróbios; porém, conforme veremos, seu material genético apresenta claros sinais de ancestralidade comum.

Há menos de 450 anos, todos os estudiosos europeus acreditavam que a Terra era o centro de um universo de, no máximo, alguns milhões de quilômetros de extensão e que os planetas, o Sol e as estrelas giravam em torno desse centro. Há menos de 250 anos, eles acreditavam que o universo havia sido criado, basicamente em sua forma atual, há cerca de 6 mil anos, embora, na época, se soubesse que a Terra orbitava ao redor do Sol como os outros planetas e um universo de dimensões muito maiores fosse amplamente aceito. Há menos de 150 anos, prevalecia entre os cientistas a ideia de que a Terra em seu estado atual é produto de, no mínimo, dezenas de milhões de anos de transformações geológicas, mas ainda predominava a crença de que Deus criou todos os seres vivos.

Em menos de 500 anos, a utilização implacável do método científico de inferência com base na experimentação e na observação, sem recorrer à autoridade religiosa ou governamental, transformou por completo o modo como concebemos nossas origens e nossa relação com o universo. Além da fascinação intrínseca à visão do mundo revelado pela ciência, isso teve um enorme impacto sobre a filosofia e a religião. As descobertas da ciência indicam que os seres humanos são produto de forças impessoais e que o mundo habitável é uma parte minúscula de um universo de imenso tamanho e duração. Independentemente das crenças religiosas ou filosóficas de cada cientista, todo o programa de pesquisa científica baseia-se no pressuposto de que o universo pode ser compreendido nesses termos.

Poucos negariam que esse programa teve um sucesso espetacular, sobretudo no século XX, em que fatos terríveis acometeram a humanidade. A influência da ciência pode ter contribuído indiretamente para esses acontecimentos, em parte devido às mudanças sociais provocadas pelo surgimento das sociedades industriais de massa em parte por minar o sistema de crenças tradicional. No entanto, pode-se argumentar que grande parte do sofrimento ao longo da história humana poderia ter sido evitado com o uso da razão e que os desastres do século XX resultaram de um fracasso em ser racional, e não de um fracasso da racionalidade. O uso prudente da compreensão científica do mundo em que vivemos é a única esperança para o futuro da humanidade.

O estudo da evolução revelou nossas conexões profundas com as outras espécies que habitam a Terra; para evitar uma catástrofe global, essas conexões devem ser respeitadas. O propósito deste livro é apresentar ao leitor alguns dos mais importantes conceitos, procedimentos e descobertas elementares da biologia evolutiva, assim como seus avanços desde as primeiras publicações de Darwin e Wallace sobre o assunto, há mais de 140 anos. A evolução fornece um conjunto de princípios unificadores para toda a biologia; também ajuda a compreender a relação dos seres humanos com o universo e uns com os outros. Além disso, vários aspectos da evolução têm importância prática; por exemplo, a rápida evolução da resistência de bactérias a antibióticos e do HIV a drogas antivirais impõe problemas prementes à medicina.

Neste livro, o Capítulo 2 apresenta os principais processos causais da evolução. O Capítulo 3 fornece parte do contexto biológico essencial e mostra como as similaridades entre os seres vivos podem ser entendidas com base na ideia de evolução. O Capítulo 4 descreve os indícios de evolução encontrados na história da Terra e nos padrões de distribuição geográfica das espécies. O Capítulo 5 trata da evolução de adaptações por seleção natural, enquanto o Capítulo 6 aborda a evolução de novas espécies e de diferenças entre as espécies. O Capítulo 7 discute alguns problemas aparentemente difíceis para a teoria da evolução. O Capítulo 8 apresenta um breve resumo.

Capítulo 2
Os processos de evolução

Para entender a vida na Terra, precisamos conhecer o funcionamento de animais (inclusive humanos), plantas e micróbios, sobretudo no que concerne aos processos moleculares subjacentes. Esta é a pergunta "como" da biologia: durante o último século, um volume considerável de pesquisas fez grandes avanços em direção à sua resposta. Tais empenhos demonstraram que até mesmo o mais simples organismo capaz de existência independente, uma célula bacteriana, é uma máquina incrivelmente complexa, com milhares de moléculas de proteínas diferentes atuando de maneira coordenada a fim de satisfazer as funções necessárias para que a célula sobreviva e se divida, produzindo duas células-filhas (ver Capítulo 3). Essa complexidade é ainda maior em organismos mais avançados, como uma mosca ou um ser humano. Eles começam a vida como uma única célula, formada pela fusão de um óvulo e um espermatozoide. Ocorre, então, uma série de divisões celulares cuidadosamente controladas, e as células resultantes diferenciam-se em muitos tipos distintos. O processo de desenvolvimento enfim produz o organismo adulto, com uma estrutura extremamente organizada, composta de diferentes tecidos e órgãos, capaz de um comportamento sofisticado. Nossa compreensão dos mecanismos moleculares que estão por trás dessas estruturas e funções complexas está se ampliando rapidamente. Embora ainda existam muitos problemas não resolvidos, os biólogos estão convencidos de que até mesmo as características mais complicadas dos seres vivos, tais como a consciência humana, refletem a operação de processos químicos e físicos que são passíveis de análise científica.

Em todos os níveis, da estrutura e função de uma única molécula de proteína à organização do cérebro humano, vemos muitos exemplos de *adaptação*: a adequação da estrutura a uma função específica, que também é visível em máquinas projetadas por pessoas (ver Capítulo 5). Além disso, notamos que diferentes espécies têm características próprias, muitas vezes refletindo adaptações ao ambiente em que vivem. Essas observações levantam a pergunta "por que" da biologia, que se refere aos processos que levaram os organismos a ser como são. Antes de surgir a ideia de evolução, a maioria dos biólogos teria respondido a essa pergunta recorrendo a um Criador. O termo adaptação foi criado pelos teólogos britânicos do século XVIII, para quem a aparência de projeto nas características dos seres vivos – isto é, a impressão de que tais características foram projetadas para fins específicos – prova a existência de um projetista sobrenatural. Ainda que, em meados daquele século, o filósofo David Hume tenha demonstrado que o argumento dos teólogos era logicamente falho, este manteve sua influência sobre o pensamento das pessoas, já que nenhuma alternativa crível fora proposta.

As ideias evolutivas fornecem um conjunto de processos naturais que podem explicar a vasta diversidade de espécies existentes, e as características que as tornam tão bem-adaptadas a seu meio, sem recorrer a uma intervenção sobrenatural. Essas explicações abrangem, é claro, a origem da própria espécie humana, o que faz da evolução biológica o mais controverso dos assuntos científicos. Se as questões forem abordadas sem preconceitos, no entanto, os indícios da evolução como um processo histórico podem ser considerados tão fortes quanto os de outras teorias consolidadas, tais como a natureza atômica da matéria (ver Capítulos 3 e 4). Também temos um conjunto de ideias convincentes sobre as causas da evolução, embora, como ocorre em toda ciência saudável, existam perguntas sem respostas, bem como novas indagações que surgem conforme aumenta nossa compreensão (ver Capítulo 7).

A evolução biológica implica mudanças nas características de populações de organismos vivos ao longo do tempo. A escala de tempo e a magnitude de tais mudanças variam consideravelmente. A evolução pode ser estudada durante o período de vida de um ser humano, quando mudanças simples ocorrem em uma única característica, tal como o aumento na frequência de cepas de bactérias resistentes à penicilina após alguns anos de uso médico disseminado dessa substância para controlar infecções bacterianas (conforme discutiremos no Capítulo 5). No outro extremo, a evolução está associada a ocorrências tais como o surgimento de um tipo inteiramente novo de organismo, que pode levar milhões de anos e requer mudanças em muitas características diferentes, como na transição de répteis a mamíferos (ver Capítulo 4). Uma contribuição essencial dos fundadores da teoria evolutiva, Charles Darwin e Alfred Russel Wallace, foi a compreensão de que mudanças em todos os níveis provavelmente envolvem os mesmos tipos de processos. Grandes mudanças evolutivas refletem mudanças do mesmo tipo que as ocorridas em escala menor, mas acumuladas no decorrer de períodos mais longos (ver Capítulos 6 e 7).

A mudança evolutiva, em essência, depende do surgimento de novas formas variantes de organismos: as *mutações*. Estas são causadas por mudanças estáveis no material genético, transmitidas do progenitor ao descendente. Mutações que afetam quase todas as características concebíveis de muitos organismos diferentes foram estudadas em laboratório por geneticistas experimentais, enquanto médicos geneticistas catalogaram milhares de mutações em populações humanas. Os efeitos das mutações nas características observáveis de um organismo são de magnitude muito variada. Algumas mutações não têm efeitos detectáveis, e só se sabe que elas existem porque hoje é possível estudar diretamente a estrutura do material genético, conforme descreveremos no Capítulo 3. Outras têm efeitos relativamente pequenos em um único traço, como uma mudança na cor do olho de castanho a azul, a aquisição de resistência a um antibiótico por uma bactéria, ou uma alteração no número de cerdas na lateral de uma mosca da fruta. Algumas mutações têm efeitos drásticos sobre o desenvolvimento, como a da *Drosophila melanogaster*, que faz com que uma pata cresça na cabeça da mosca no lugar da antena. A ocorrência de uma nova mutação de qualquer tipo é um acontecimento muito raro, com uma frequência de aproximadamente um em cada 100 mil indivíduos por geração, ou até menos. O estado alterado de um caráter biológico em consequência de uma mutação, tal como a resistência a antibióticos, ocorre inicialmente em um único indivíduo e costuma ficar restrito a uma fração minúscula de uma população típica durante muitas gerações. Para resultar em mudança evolutiva, outros processos devem levar a um aumento na frequência desse caráter biológico na população.

A *seleção natural* é o mais importante desses processos de mudança evolutiva que abarcam a estrutura, o funcionamento e o comportamento de organismos (ver Capítulo 5). Em seus artigos de 1858, publicados no *Journal of the Proceedings of the Linnaean Society*, Darwin e Wallace apresentaram sua teoria de evolução por seleção natural com os seguintes argumentos:

- Nascem muito mais indivíduos de uma espécie do que são capazes de viver normalmente até a maturidade e procriar com sucesso, de modo que ocorre uma *luta pela existência*.
- Há uma *variação individual* em inúmeras características da população, algumas das quais podem afetar a capacidade de um indivíduo sobreviver e se reproduzir. Os progenitores bem-sucedidos de determinada geração podem, portanto, diferir da população como um todo.
- É provável que exista um *componente hereditário* em grande parte dessa variação; assim, as características dos descendentes dos indivíduos que conseguiram procriar serão, de maneira similar a seus progenitores, diferentes das características da geração anterior.

Se esse processo continuar por gerações, haverá uma transformação gradual da população, de modo que a frequência de características associadas a maior capacidade de sobrevivência ou sucesso reprodutivo aumentará com o tempo. Essas características alteradas foram originadas pela mutação, mas mutações que afetem um determinado traço surgem o tempo todo, independentemente de serem ou não favorecidas pela seleção. De fato, a maioria das mutações não tem nenhum efeito sobre o organismo nem tampouco reduz sua capacidade de sobreviver ou se reproduzir.

É o processo de aumento na frequência de variáveis favoráveis à sobrevivência ou ao sucesso reprodutivo que explica a evolução das características adaptativas, já que um melhor desempenho do corpo ou do comportamento de um indivíduo geralmente contribui para que ele sobreviva ou se reproduza. Tal processo de mudança será particularmente provável se uma população for exposta a um ambiente modificado, onde um conjunto de características um pouco diferentes daquelas já consolidadas é favorecido pela seleção natural. Conforme escreveu Darwin em 1858:

> Mas consideremos que as condições externas de uma região se alterem [...] Agora, tendo em vista a luta de cada indivíduo para garantir a subsistência, pode haver dúvida de que qualquer variação diminuta em sua estrutura, em seus hábitos ou instintos, tornando esse indivíduo mais bem-adaptado às novas condições, determinaria seu vigor e sua saúde? Na luta, ele teria uma melhor *chance* de sobreviver; e aqueles de sua prole que herdassem a variação, por menor que fosse, também teriam uma melhor *chance*. A cada ano, são gerados mais indivíduos do que são capazes de sobreviver; a mínima diferença, a longo prazo, determinará quem deve morrer e quem deve sobreviver. Considerando que esse trabalho de seleção, por um lado, e a morte, por outro, continuam por mil gerações, quem se aventura a afirmar que não produziria nenhum efeito [...]

Há, no entanto, outro importante mecanismo de mudança evolutiva, que explica como a espécie também pode vir a diferir com respeito a traços com pouca ou nenhuma influência sobre a sobrevivência ou o sucesso reprodutivo daqueles que o apresentam e que, portanto, não estão sujeitos à seleção natural. Conforme veremos no Capítulo 6, isso provavelmente se aplica, em particular, à grande categoria de mudanças no material genético que têm pouco ou nenhum efeito sobre a estrutura ou o funcionamento do organismo. Se há variabilidade *seletivamente neutra*, de modo que, em geral, não existem diferenças na sobrevivência ou na fertilidade de diferentes indivíduos, ainda é possível que a geração descendente seja um pouco diferente daquela que a originou. Isso ocorre porque, na ausência de seleção, os genes da população descendente são uma amostra aleatória dos genes presentes na população progenitora. Populações reais têm tamanho finito e, portanto, a constituição da população de progênies tende a diferir um pouco, ao acaso, da de seus geradores, assim como não esperamos obter exatamente cinco caras e cinco coroas ao jogar uma moeda dez vezes.

Esse processo de mudança aleatória é chamado de *deriva genética*. Até mesmo as maiores populações biológicas, tais como as de bactérias, são finitas, e a deriva genética sempre está em ação.

Os efeitos combinados da mutação, da seleção natural e do processo aleatório de deriva genética causam mudanças na composição de uma população. Após um período suficientemente longo, esses efeitos cumulativos alteram a composição genética da população e, assim, podem mudar em grande medida as características da espécie com relação às de seus ancestrais.

Antes nos referimos à diversidade da vida, que se reflete no grande número de diferentes espécies existentes hoje. (Um número muito maior existiu no decorrer da história da vida, devido ao fato de que o destino final de praticamente todas as espécies é a extinção, conforme descrevemos no Capítulo 4.) Sem dúvida, o problema de como novas espécies evoluem é crucial e será tratado no Capítulo 6. O termo "espécie" é difícil de definir, e às vezes é difícil traçar uma linha clara entre populações que são membros da mesma espécie e populações que pertencem a espécies separadas. Ao pensar na evolução, parece lógico considerar duas populações de organismos que se reproduzem sexualmente como espécies diferentes se elas não são capazes de cruzar uma com a outra, de modo que seus destinos evolutivos são totalmente independentes. Assim, populações humanas que vivem em diferentes partes do mundo são, sem dúvida, membros da mesma espécie, já que não existe nada que as impeça de gerar descendentes no caso de indivíduos migrantes chegarem de outro lugar. Tal migração tende a evitar que a composição genética de diferentes populações da mesma espécie seja demasiado divergente. Por outro lado, chimpanzés e humanos são claramente espécies separadas, visto que humanos e chimpanzés que vivem na mesma área não são capazes de cruzar entre si. Conforme descreveremos, os humanos também diferem muito mais dos chimpanzés, quanto à composição de seu material genético, do que diferem uns dos outros. A formação de uma nova espécie necessariamente implica o surgimento de barreiras à procriação entre populações relacionadas. Uma vez que se formam tais barreiras, as populações podem divergir por mutação, seleção e deriva genética. Esse processo de divergência culmina na diversidade da vida. Se compreendermos como surgem as barreiras à procriação, e como as populações subsequentemente divergem, entenderemos a origem das espécies.

Um grande volume de dados biológicos faz sentido à luz dessas ideias sobre evolução, que foram corroboradas pelo desenvolvimento de teorias matemáticas que podem ser simuladas em detalhe, assim como astrônomos e físicos simulam o comportamento de estrelas, planetas, moléculas e átomos a fim de compreendê-los mais completamente e conceber testes detalhados de suas teorias. Antes de descrever os mecanismos de evolução em detalhe (mas omitindo a matemática), os dois capítulos seguintes mostrarão como muitos tipos de observação biológica podem ser explicados com base na ideia de evolução – ao contrário da criação divina, que recorre a explicações assistemáticas.

Capítulo 3

Indícios de evolução: similaridades e diferenças entre os organismos

A teoria da evolução explica a diversidade da vida, com todas as conhecidas diferenças entre distintas espécies de animais, plantas e micróbios, mas também explica suas similaridades fundamentais. Estas costumam ser manifestas no nível superficial de características visíveis externamente, mas abrangem os mínimos detalhes de estrutura microscópica e função bioquímica. Discutiremos a diversidade da vida posteriormente (no Capítulo 6) e descreveremos como a teoria da evolução é capaz de explicar o surgimento de novas formas a partir de formas ancestrais, porém aqui nos centraremos no que as espécies têm em comum. Além disso, apresentaremos vários fatos biológicos elementares que fundamentarão os capítulos seguintes.

Similaridades entre diferentes grupos de espécies

Até mesmo entre tipos de organismos muito diferentes existem similaridades em todos os níveis – de semelhanças rotineiras, visíveis a olho nu, a semelhanças profundas no ciclo de vida e na estrutura do material genético. Tais similaridades podem ser detectadas inclusive entre seres tão distintos quanto um ser humano e uma bactéria e encontram uma explicação clara e natural na ideia de que os organismos são relacionados por um processo evolutivo de descendência de ancestrais comuns. Nós mesmos temos similaridades óbvias com os símios antropomorfos, conforme ilustrado na figura 1A, incluindo semelhanças em características internas, como a estrutura e a organização de nosso cérebro.

Há menos similaridades com os cercopitecos, e menos ainda – mas mesmo assim extremamente nítidas – com outros mamíferos, apesar de todas as nossas diferenças. Os

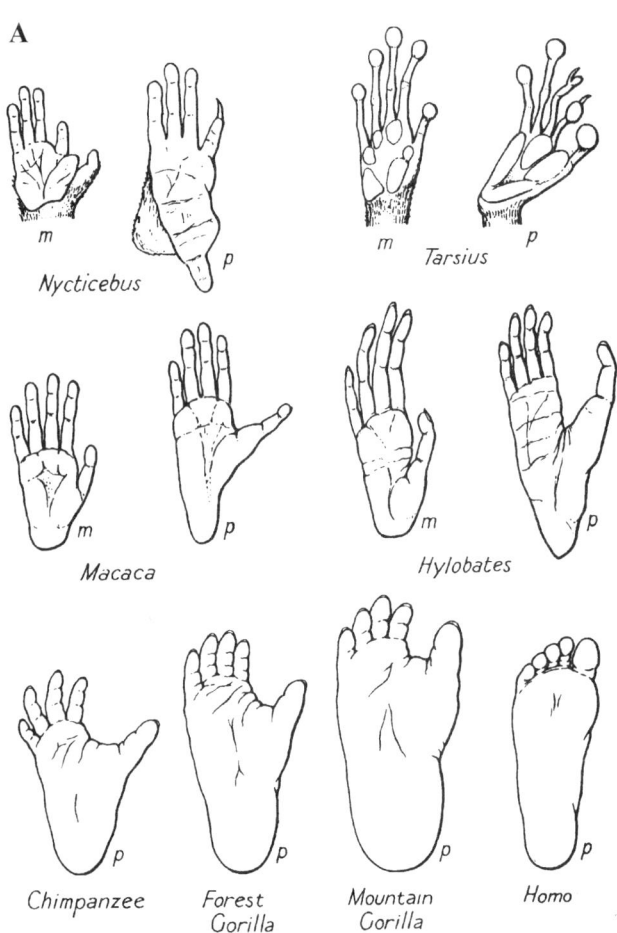

1. A. Mãos (*m*) e pés (*p*) de várias espécies de primatas, mostrando as similaridades entre espécies distintas, com diferenças relacionadas ao modo de vida dos animais, tais como os polegares opositores das espécies arborícolas (*Hylobates* é um gibão, *Macaca* é um macaco reso, *Nycticebus* e *Tarsius* são primatas primitivos que viviam em árvores). B. Esqueletos de uma ave e de um morcego, mostrando suas similaridades e diferenças.

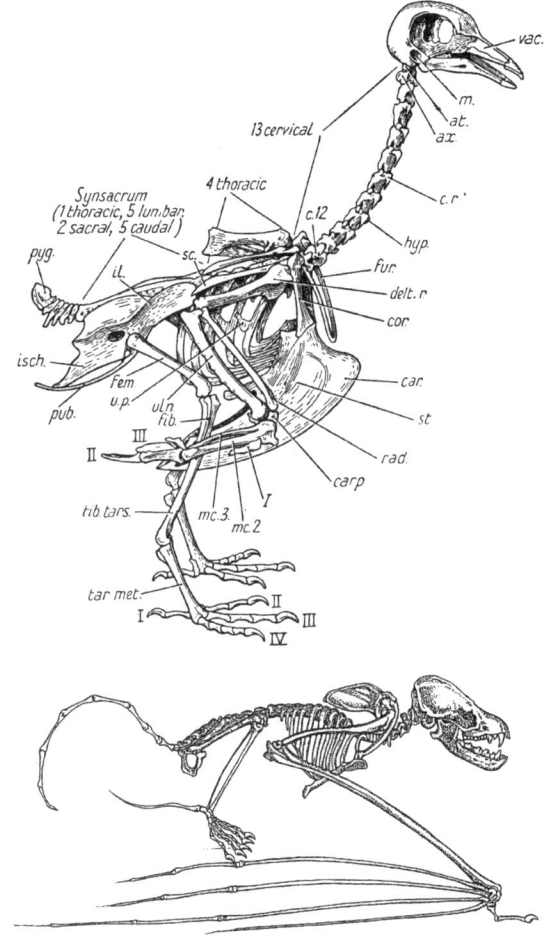

mamíferos apresentam muitas similaridades com outros vertebrados, incluindo as características básicas de seu esqueleto e de seus sistemas digestivo, circulatório e nervoso. Ainda mais impressionantes são as semelhanças com seres tais como insetos – por exemplo, corpo segmentado, necessidade de dormir, controle dos ritmos diários de sono e vigília – e similaridades fundamentais no funcionamento dos nervos em muitos tipos diferentes de animais, entre outras características.

Os sistemas de classificação biológica há muito se baseiam em características estruturais facilmente visíveis. Por exemplo, mesmo antes do estudo científico da biologia, os insetos eram tratados como um grupo de seres similares, claramente distinguíveis de outros grupos de invertebrados, como os moluscos, por apresentar um corpo segmentado, seis pares de patas articuladas, um rígido invólucro protetor externo, e assim por diante. Muitos desses traços são compartilhados com outros tipos de animais como caranguejos e aranhas, exceto que o número de patas pode diferir (oito, no caso das aranhas). Essas diferentes espécies estão todas agrupadas em uma divisão mais ampla, os artrópodes. Os artrópodes incluem os insetos, e entre estes as moscas formam um grupo, caracterizado pelo fato de que todas elas têm apenas um par de asas, bem como várias outras características em comum. As borboletas e as mariposas formam outro grupo de insetos, cujos membros têm delicadas escamas em seus dois pares de asas. Entre as moscas, distinguimos as moscas domésticas e seus parentes de outros grupos com base em características compartilhadas, e entre estas nomeamos *espécies* individuais, como a comum *Musca domestica*. Espécies são, em essência, grupos de indivíduos similares capazes de cruzar entre si. Espécies similares são agrupadas no mesmo *gênero*, igualmente unido por um conjunto de características não compartilhadas com outros gêneros. Os biólogos identificam cada espécie reconhecível por dois nomes: o nome do gênero seguido do nome da própria espécie, por exemplo *Homo sapiens*; por convenção, esses nomes são grafados em itálico.

A observação de que os organismos podem ser classificados em grupos hierárquicos, que sucessivamente compartilham mais traços que estão ausentes em outros grupos, foi um importante avanço da biologia. A classificação dos organismos em espécies e o sistema de nomeação das espécies foram desenvolvidos muito antes de Darwin. Sem dúvida, antes que os biólogos pudessem começar a pensar na evolução das espécies, foi importante elaborar o conceito de espécies como entidades distintas. O modo mais simples e mais natural de explicar o padrão hierárquico de similaridades é que os seres vivos evoluíram com o tempo, originando-se de formas ancestrais que se diversificaram para produzir os grupos existentes hoje, bem como inúmeros organismos extintos (ver Capítulo 4). Conforme discutiremos no Capítulo 6, hoje é possível discernir esse padrão inferido de relações genealógicas entre grupos de organismos estudando-se diretamente as informações em seu material genético.

Outro conjunto de fatos que corroboram a teoria da evolução é fornecido por modificações da mesma estrutura em diferentes espécies. Por exemplo, os ossos das asas de aves e de morcegos são claros indícios de que elas são membros dianteiros modificados, embora pareçam muito diferentes dos membros dianteiros de outros vertebrados (figura 1B). De maneira similar, embora as nadadeiras de baleias se pareçam muito com as barbatanas de peixes e sejam claramente adaptadas para nadar, sua estrutura interna é como as patas de outros mamíferos, a não ser por um número maior de dígitos. Isso faz sentido, considerando-se todos os outros indícios de que as baleias são mamíferos modificados (por exemplo, elas respiram com pulmões e amamentam seus filhotes). Os registros fósseis mostram que os dois pares de membros dos vertebrados terrestres derivam dos dois pares de barbatanas presentes nos peixes com barbatanas lobadas (dos quais os celacantos são os mais conhecidos representantes vivos; ver Capítulo 4). De fato, os fósseis mais antigos de vertebrados terrestres tinham mais de cinco dígitos em seus membros, assim como os peixes e as baleias. Outro exemplo são os três pequenos ossos no ouvido dos mamíferos, que transmitem os sons do exterior ao órgão que transforma som em sinais nervosos. Esses ossos minúsculos surgem de rudimentos no maxilar e no crânio embrionários; nos répteis, eles aumentam de tamanho durante o desenvolvimento para formar partes da cabeça e do esqueleto do maxilar. Os fósseis intermediários que conectam répteis e mamíferos mostram modificações sucessivas desses ossos nos adultos, até que enfim se transformam nos ossos do ouvido. Esses exemplos são apenas alguns dos muitos casos conhecidos em que a mesma estrutura elementar foi consideravelmente modificada no decorrer da evolução devido a necessidades impostas por diferentes funções.

Desenvolvimento embrionário e órgãos vestigiais

O desenvolvimento embrionário fornece muitos outros exemplos notáveis de similaridades entre diferentes grupos de organismos, apresentando claros indícios de que eles descendem de um mesmo ancestral. As formas embrionárias de espécies distintas costumam ser extremamente similares, mesmo quando os adultos são muito diferentes. Por exemplo, em determinado estágio no desenvolvimento dos mamíferos, surgem fendas branquiais que lembram as de embriões de peixes (figura 2). Isso é perfeitamente compreensível se considerarmos que nossos ancestrais eram similares a peixes; do contrário, é inexplicável. Uma vez que são as estruturas adultas que adaptam o organismo ao meio em que vivem, é bem possível que elas sejam modificadas por seleção. Provavelmente, os vasos sanguíneos em desenvolvimento requerem a presença de fendas branquiais para guiá-los a se formar nos lugares corretos, de modo que essas estruturas são mantidas, mesmo em animais que nunca têm brânquias funcionais. No entanto, o desenvolvimento pode evoluir. Em uma série de outros detalhes, os mamíferos desenvolvem-se de maneira muito diferente da dos peixes, e assim outras estruturas embrionárias, com importância menos decisiva no desenvolvimento, foram perdidas, enquanto novas foram adquiridas.

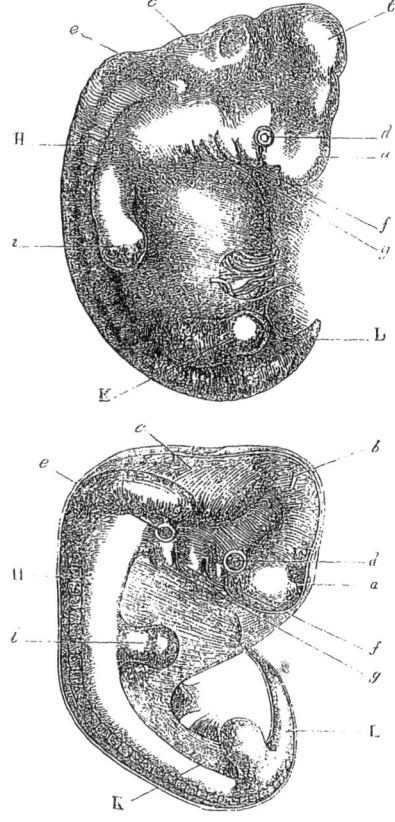

Fig. 1. Figura superior: embrião humano, de Ecker. Figura inferior: embrião de um cão, de Bischoff.

a. Cérebro anterior, hemisférios cerebrais, ac.
b. Mesencéfalo, corpos quadrigêmeos.
c. Cérebro posterior, cerebelo, bulbo raquidiano.
d. Olho.
e. Ouvido.
f. Primeiro arco visceral.
g. Segundo arco visceral.
H. Colunas vertebrais e músculos em processo de desenvolvimento.
i. Extremidade anterior.
K. Extremidade posterior.
L. Rabo ou cóccix.

2. Embrião de um ser humano e embrião de um cão, ilustrando a enorme similaridade entre eles nesse estágio de desenvolvimento. As fendas branquiais, nomeadas de arcos viscerais (*f* e *g*) na figura, são claramente visíveis. De *A origem do homem e a seleção sexual*, de Darwin (1871).

As similaridades não se restringem aos estágios embrionários. Há muito se reconhece que os *órgãos vestigiais* são remanescentes de estruturas que tiveram uma função nos ancestrais dos organismos de hoje. Sua evolução é bastante interessante, porque tais casos demonstram que a evolução nem sempre cria e aprimora estruturas, mas às vezes as elimina. O apêndice humano, que é uma versão muitíssimo reduzida de uma parte do trato digestivo que é um tanto extensa em orangotangos, é um exemplo clássico disso.

Os membros vestigiais de animais sem patas também são conhecidos. Foram encontrados fósseis de cobras primitivas com membros posteriores quase completos, indicando que as cobras evoluíram de ancestrais com patas, similares a lagartos. O corpo de uma cobra moderna consiste de um tórax (peito) alongado, com um grande número de vértebras (mais de trezentas nas pítons). Na píton, a mudança do corpo à cauda é marcada por vértebras sem costelas, e neste ponto são encontrados membros posteriores rudimentares. Há uma cintura pélvica e um par de fêmures truncados cujo desenvolvimento segue o curso normal em outros vertebrados, com a expressão dos mesmos genes que normalmente controlam o desenvolvimento dos membros. Um enxerto do tecido do membro posterior da píton pode até mesmo promover a formação de um dedo extra nas asas de filhotes de aves, mostrando que partes do sistema de desenvolvimento do membro posterior ainda existem nas pítons. Tipos mais avançados de cobras, no entanto, são totalmente desprovidos de membros.

Similaridades em células e funções celulares

As similaridades entre diferentes organismos não se limitam a características visíveis. Elas são profundas, chegando à menor escala microscópica e aos aspectos mais fundamentais da vida. Uma característica elementar de todo animal, planta e fungo é que seus tecidos são compostos de unidades essencialmente similares, as *células*. As células são a base do corpo de todo organismo com exceção dos vírus – das leveduras e bactérias unicelulares a organismos pluricelulares com tecidos extremamente diferenciados, como é o caso dos mamíferos. Nos *eucariontes* (toda vida celular não bacteriana), as células são organizadas em *citoplasma* e *núcleo*, que contém o material genético (figura 3). O citoplasma não é apenas um líquido situado dentro da membrana da célula no qual o núcleo flutua; ele contém um conjunto complexo de minúsculas peças de maquinário que inclui muitas estruturas subcelulares. Duas das mais importantes dessas *organelas* celulares são a mitocôndria, que gera a energia da célula, e os cloroplastos, que promovem a fotossíntese nas células de plantas verdes. Hoje, sabe-se que ambas as estruturas descendem de bactérias que colonizaram as células e que se integraram a elas, convertendo-se em componentes essenciais. As bactérias também são células (figura 3), porém as mais simples não têm núcleo nem organelas; estas e organismos similares são chamados *procariontes*. As únicas formas de vida não celular, os vírus, são parasitas que se reproduzem dentro das células de outros organismos e consistem simplesmente de uma camada de proteína envolvendo o material genético.

As células são fábricas microscópicas e extremamente complexas que produzem as substâncias químicas de que o organismo necessita, geram energia a partir de fontes de alimento e produzem estruturas corporais como os ossos de animais. A maioria das "máquinas" e muitas das estruturas nessas fábricas são *proteínas*. Algumas proteínas são *enzimas* que obtêm uma substância química e a submetem a certo procedimento – por exemplo, dividindo um componente químico em dois, como se fossem tesouras químicas. As enzimas usadas em detergentes biológicos decompõem proteínas (tais como proteínas de suor e de sangue) em pequenos pedaços que podem ser eliminados das roupas sujas; enzimas similares em nosso intestino decompõem moléculas de alimentos em pedaços menores que podem ser absorvidos pelas células. Outras proteínas presentes nos seres vivos têm função de

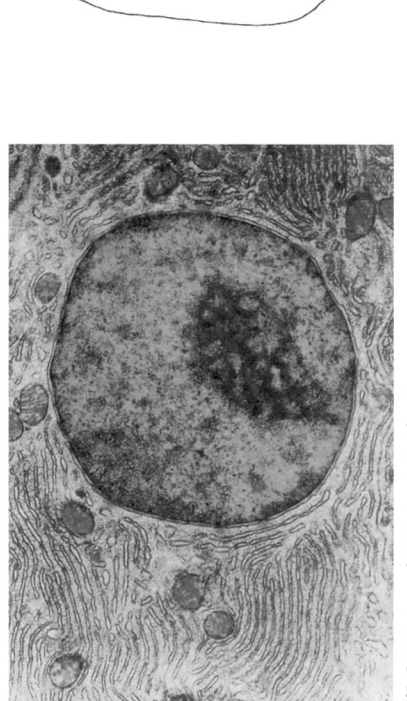
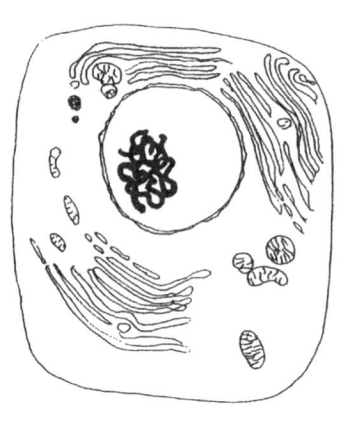

3. Células procariontes e eucariontes.
A. Micrografia eletrônica e desenho de parte de uma célula do pâncreas de um mamífero, mostrando o núcleo que contém os cromossomos dentro da membrana nuclear; a região fora do núcleo que contém muitas mitocôndrias (essas organelas também estão envoltas por membranas) e estruturas similares a membranas que participam tanto da síntese e exportação de proteínas quanto da importação de substâncias para o interior da célula. Uma mitocôndria é um pouco menor que uma célula bacteriana.

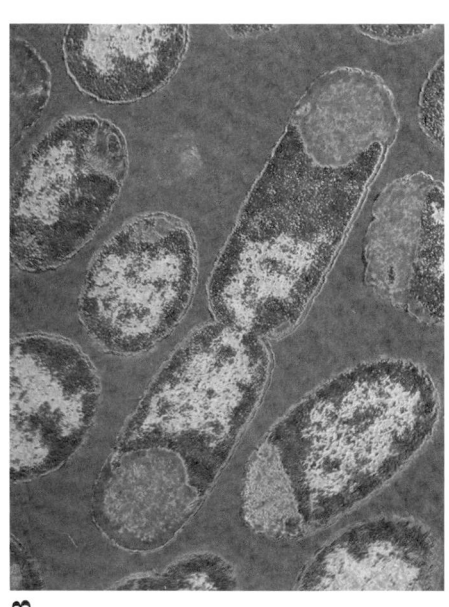

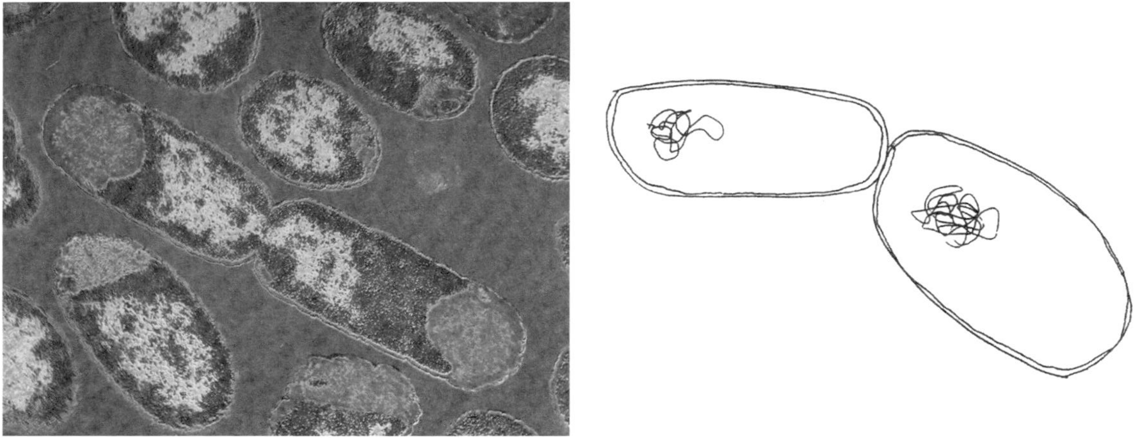

B. Micrografia eletrônica e desenho de uma célula bacteriana, mostrando sua estrutura simples, com uma parede celular e um DNA que não está envolto em um núcleo.

armazenamento ou transporte. A hemoglobina, presente nas células vermelhas do sangue, transporta oxigênio; no fígado, uma proteína chamada ferritina fixa e armazena ferro. Há também proteínas estruturais, como a queratina, que forma a pele, o cabelo e as unhas. Além disso, as células produzem proteínas que comunicam informações a outras células e a outros órgãos. Os hormônios são conhecidas proteínas de comunicação que circulam no sangue e controlam diversas funções corporais. Outras proteínas estão situadas na superfície das células e participam da comunicação com outras células. Entre essas interações, estão a sinalização para controlar o comportamento celular durante o desenvolvimento, a comunicação entre óvulos e espermatozoides durante a fecundação e o reconhecimento de parasitas por parte do sistema imunológico.

Assim como em toda fábrica, as células estão sujeitas a controles complexos. Elas respondem a informações que vêm de fora (por meio de proteínas que atravessam a membrana celular, como buracos de fechadura em que se encaixam moléculas do mundo exterior – ver figura 4).

As proteínas receptoras sensoriais, como as receptoras olfativas e as receptoras de luz, são usadas na comunicação entre as células e seu entorno. As substâncias químicas e os sinais de luz provenientes do mundo exterior são transformados em impulsos elétricos que são conduzidos pelos nervos até o cérebro. Todos os animais que foram estudados usam proteínas bastante similares na percepção de substâncias químicas e de luz. Para ilustrar as similaridades que foram encontradas nas células de organismos diferentes, uma proteína miosina (motora), similar às proteínas presentes nas células dos músculos, está envolvida na sinalização celular nos olhos das moscas e nos ouvidos dos humanos; uma forma de surdez é causada por mutações no gene que define essa proteína.

Os bioquímicos catalogaram as enzimas presentes nos seres vivos em muitos tipos diferentes, e todas as enzimas conhecidas (que são muitos milhares em um animal complexo como nós, seres humanos) recebem um número em um sistema de numeração internacional. Uma vez que tantas enzimas são encontradas em células de uma ampla gama de organismos, esse sistema categoriza as enzimas com base na função que elas exercem, e não no organismo em que são encontradas. Algumas delas, como as enzimas digestivas, decompõem moléculas, outras combinam moléculas, ao passo que outras oxidam substâncias químicas (isto é, combinam-nas com moléculas de oxigênio), e assim por diante.

O meio pelo qual a energia é gerada pelas células a partir das fontes de alimento é praticamente o mesmo para todos os tipos de células. Nesse processo, há uma fonte de energia (açúcares ou gorduras, no caso de nossas células, mas outros componentes, tais como ácido sulfídrico, para algumas bactérias). Uma célula submete o composto inicial a uma série de etapas químicas, algumas das quais liberam energia. Essa *via metabólica* é organizada como uma linha de montagem, com uma sucessão de subprocessos. Cada subprocesso é realizado por sua própria "máquina" proteica; estas são as enzimas para as diferentes etapas da via metabólica. As mesmas vias operam em uma ampla gama de organismos, e os livros de biologia moderna apresentam as principais vias metabólicas sem necessidade de especificar o organismo. Por exemplo, quando os lagartos se cansam depois de correr, isso é causado pela produção de ácido lático, tal como ocorre em nossos músculos. As células têm vias metabólicas para compor substâncias químicas de muitos tipos diferentes, assim como para gerar energia a partir dos alimentos. Por exemplo, algumas de nossas células formam pelos, outras formam ossos, outras produzem pigmentos, outras produzem hormônios, e assim por diante. A via metabólica pela qual é produzida a melanina, o pigmento da pele, (figura 4) é a mesma nos humanos, em outros mamíferos, em borboletas com pigmentos negros nas asas e até mesmo em fungos (por exemplo, em esporos negros), e muitas das enzimas envolvidas nessa via também são usadas por plantas na produção de lignina, a principal substância química que compõe a madeira. A similaridade fundamental das características básicas das vias metabólicas, das bactérias aos mamíferos, é – mais uma vez – prontamente compreensível com base na ideia de evolução.

Cada uma das diferentes proteínas para essas funções celulares e corporais é especificada por um dos genes do organismo, conforme explicaremos em mais detalhes posteriormente neste capítulo. O funcionamento de cada via bioquímica depende de suas enzimas. Se qualquer enzima em

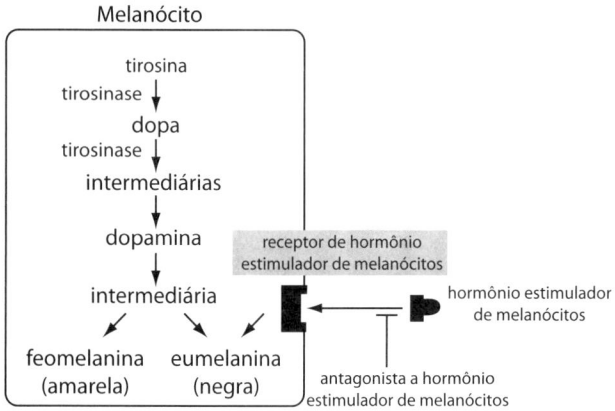

4. Vias biossintéticas pelas quais a melanina e um pigmento amarelo são sintetizados em células melanocíticas de mamíferos a partir de seu aminoácido precursor, a tirosina. Cada etapa nessas vias é catalisada por uma enzima diferente. A ausência da enzima tirosinase ativa resulta em animais albinos. O receptor de hormônio estimulador de melanócitos determina a quantidade relativa de pigmentos negros e amarelos. A ausência de antagonistas ao hormônio leva à síntese de pigmento negro, mas a presença de antagonistas "desativa" o receptor, levando à formação de pigmento amarelo. É assim que são formadas as partes negras e amarelas dos pelos do gato tigrado e do rato marrom. As mutações que tornam o antagonista não funcional causam coloração mais escura; porém, os animais negros normalmente não são consequência delas, mas simplesmente têm o receptor "ativado" independentemente do nível de hormônio.

uma via falhar, o produto final não será produzido, assim como uma falha em um processo de linha de montagem interrompe a saída do produto. Por exemplo, as mutações em albinos resultam da ausência de uma enzima necessária para a produção do pigmento melanina (figura 4). Interromper uma etapa em uma via é um meio útil de controlar a produção do maquinário celular, e portanto as células contêm inibidores para realizar tais funções de controle, como no controle da produção de melanina. Outro exemplo: a proteína que gera coágulos de sangue está presente nos tecidos, mas em forma solúvel, e um coágulo só se desenvolve quando um pedaço dessa molécula precursora é cortado. A enzima que corta essa proteína também está presente, mas normalmente inativa; quando os vasos sanguíneos são danificados, liberam-se fatores que alteram a enzima coagulante, que é imediatamente ativada, levando à coagulação da proteína.

Proteínas são moléculas muito longas compostas de sequências de dezenas a algumas centenas de subunidades de aminoácidos, cada uma delas unida a um aminoácido vizinho, formando uma cadeia (figura 5A). Cada aminoácido é uma molécula um tanto complexa, com tamanhos e propriedades químicas peculiares. Vinte aminoácidos diferentes são usados nas proteínas dos seres vivos; uma proteína específica, tal como a hemoglobina nas células vermelhas do sangue, apresenta um conjunto característico de aminoácidos em determinada ordem. Com a sequência correta de aminoácidos, a cadeia proteica se dobra, assumindo assim sua configuração funcional. A complexa estrutura tridimensional de uma proteína é totalmente determinada pela sequência de aminoácidos em sua cadeia ou cadeias constituintes; por sua vez, essa sequência é completamente determinada pela sequência de unidades químicas do *DNA* (figura 5B) do gene que produz a proteína, conforme explicaremos em seguida.

Os estudos das estruturas tridimensionais da mesma enzima ou proteína em espécies muito diferentes demonstram que estas costumam ser extremamente similares ao

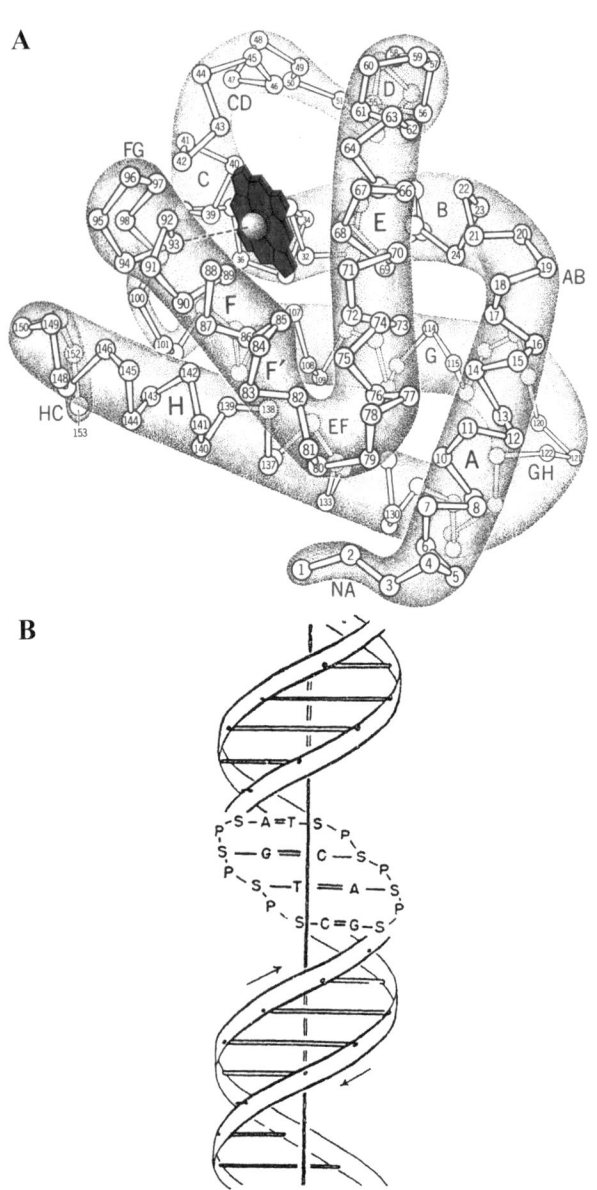

5. A. Estrutura tridimensional da proteína mioglobina (uma proteína muscular similar à proteína da célula vermelha do sangue, a hemoglobina), mostrando os aminoácidos individuais na cadeia proteica, numerados de 1 a 150, e a molécula de hemoglobina, contendo ferro, que a proteína transporta. A hemoglobina fixa oxigênio ou dióxido de carbono, e a função da proteína é transportar essas moléculas de gás.

B. Estrutura de DNA, a molécula que contém o material genético na maioria dos organismos. Consiste de dois filamentos complementares entrelaçados em uma hélice. A espinha dorsal de cada filamento é formada de moléculas do açúcar desoxirribose (S), ligadas uma à outra por moléculas de fosfato (P). Cada açúcar está conectado a um tipo de molécula chamado nucleotídeo; elas formam as "letras" do alfabeto genético. Há quatro tipos de nucleotídeos: adenina (A), guanina (G), citosina (C) e timina (T). Determinado nucleotídeo de um filamento é emparelhado com um nucleotídeo complementar do outro, conforme indicam as linhas duplas. A regra para tal emparelhamento é que A se une a T e G se une a C. Quando o DNA se replica durante a divisão celular, os dois filamentos desentrelaçam-se, e um filamento complementar é sintetizado a partir de cada um dos filamentos originais, de acordo com essa regra de emparelhamento. Assim, um lugar em que A e T unem-se na molécula original produz um lugar com A e T em cada uma das novas moléculas.

longo de grandes distâncias evolutivas, tais como entre bactérias e mamíferos, mesmo que a sequência de aminoácidos tenha mudado consideravelmente. Um exemplo é a proteína miosina, já mencionada, que está envolvida na sinalização celular nos olhos das moscas e nos ouvidos dos mamíferos. Essas similaridades fundamentais significam que, por incrível que pareça, muitas vezes é possível corrigir um defeito metabólico em células de leveduras introduzindo um gene de planta ou de animal com a mesma função. As células de leveduras com uma mutação que causa um defeito na absorção de amônio foram "curadas" por meio da expressão* de um

---

* Expressão gênica: processo pelo qual a informação codificada em um gene é decodificada em uma proteína. (N.T.)

gene humano em suas células (o gene para a proteína do grupo sanguíneo Rhesus, RhGA, que, segundo se supunha, tinha a função pertinente). A versão natural (não mutante) dessa proteína na levedura tem muitos aminoácidos diferentes dos encontrados na proteína humana, mas ainda assim a proteína humana pode funcionar em células de levedura que carecem de sua própria versão normal. O resultado desse experimento também nos ensina que uma proteína com uma sequência alterada de aminoácidos pode, às vezes, funcionar muito bem.

A base de hereditariedade é comum a todos os organismos

A base física de hereditariedade é fundamentalmente similar em todos os organismos eucariontes (animais, plantas e fungos). A primeira contribuição para a nossa compreensão do mecanismo de hereditariedade – que é o controle das muitas características diferentes dos indivíduos por entidades físicas que hoje chamamos de *genes* – vem do estudo de Gregor Mendel acerca de ervilhas, porém as mesmas regras de hereditariedade se aplicam a outras plantas e a animais, inclusive os seres humanos.

Os genes que controlam a produção de enzimas metabólicas e outras proteínas (e, portanto, determinam as características dos indivíduos) são trechos de DNA contidos nos *cromossomos* de cada célula (figuras 6 e 7). A descoberta de que os cromossomos carregam os genes do organismo em uma disposição linear foi feita pela primeira vez na mosca da fruta, a *Drosophila melanogaster*, mas é igualmente válida para nosso próprio genoma. A ordem dos genes nos cromossomos pode ser rearranjada durante a evolução, porém as mudanças são pouco frequentes, de modo que é possível encontrar conjuntos dos mesmos genes na mesma ordem no genoma humano e nos cromossomos de outros mamíferos, como gatos e cães. Um cromossomo é, em essência, uma única molécula de DNA muito comprida que codifica centenas ou milhares de genes.

cromossomos

paterno

materno

genes

proteínas

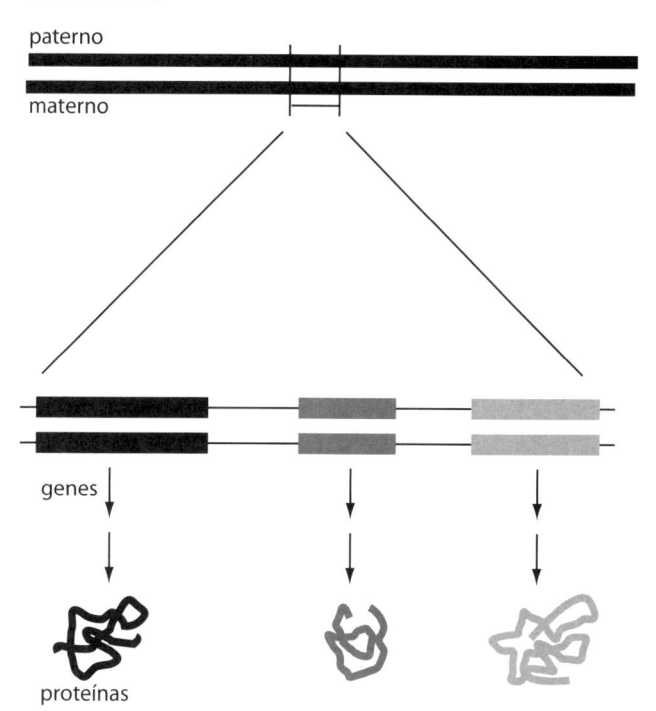

6. Diagrama de um par de cromossomos, com um desenho esquemático de uma pequena região ampliada para mostrar três genes que estão situados nessa região do cromossomo, e o DNA não codificador entre eles. Os três genes diferentes são mostrados em diferentes tons de cinza para indicar que cada gene codifica uma proteína distinta. Em uma célula real, apenas algumas das proteínas seriam produzidas, enquanto outros genes seriam desativados, de modo que suas proteínas não se formariam.

O DNA de um cromossomo é combinado com moléculas de proteína que ajudam a empacotá-lo em espirais organizadas dentro do núcleo celular (lembrando os dispositivos usados para manter em ordem os cabos de computadores).

Em eucariontes mais avançados – como nós, humanos –, cada célula contém um conjunto de cromossomos oriundos da mãe por meio do núcleo do óvulo, e outro conjunto de cromossomos oriundos do pai por meio do núcleo do espermatozoide (figura 6). Nos seres humanos, há 23 cromossomos diferentes em um único conjunto materno ou paterno; na *Drosophila melanogaster,* que é usada para muitas pesquisas em genética, o número de cromossomos é cinco (um dos quais é minúsculo). Os cromossomos contêm as informações necessárias para especificar as sequências de ami-

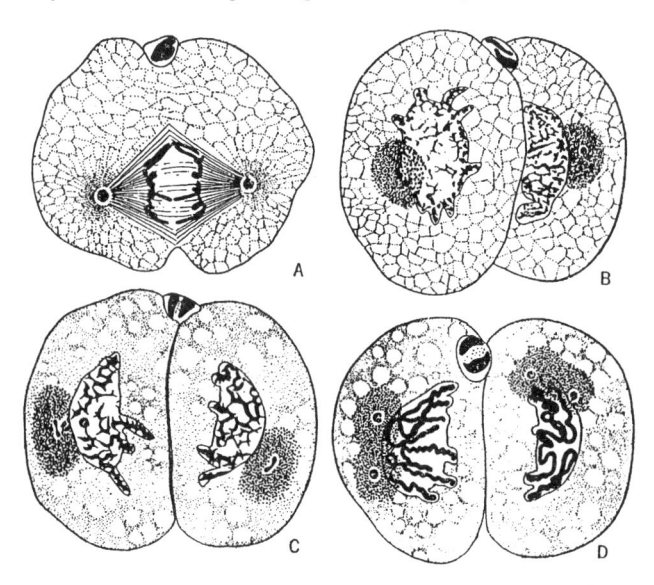

7. **Célula de um verme nematoide em divisão, mostrando os cromossomos já não envoltos pela membrana nuclear (A), várias etapas no processo de divisão (B, C) e finalmente as duas células-filhas, cada uma com um núcleo envolto por uma membrana (D).**

noácidos das proteínas de um organismo, juntamente com as sequências de controle do DNA que determinam quais proteínas serão produzidas pelas células do organismo.

O que é um gene e como ele determina a estrutura de uma proteína? Um gene é uma sequência das quatro "letras" químicas (figura 5) do *código genético*, em que conjuntos de três letras adjacentes (*códons*) correspondem a cada aminoácido na proteína pela qual o gene é responsável (figura 8). A sequência de genes é "traduzida" na sequência de uma cadeia proteica; há também códons que marcam o fim da cadeia de aminoácidos. Uma mudança na sequência de um gene causa uma mutação. A maioria dessas mudanças fará com que um aminoácido diferente seja colocado em uma proteína quando ela estiver sendo construída (porém, uma vez que há 64 códons possíveis de letras de DNA e apenas 20 aminoácidos usados em proteínas, algumas mutações não alteram a sequência da proteína). Em toda a gama de seres vivos, o código genético difere muito pouco, o que é um forte indício de que toda a vida na Terra pode ter um ancestral comum. O código genético foi estudado pela primeira vez em bactérias e vírus, mas logo se verificou que é o mesmo em seres humanos. Praticamente todas as mutações passíveis de ser geradas por esse código na sequência da hemoglobina, a proteína presente em nossas hemácias, foram observadas, mas não ocorrem mutações que são impossíveis com esse código específico.

A fim de produzir sua proteína, a sequência de DNA de um gene é primeiro copiada em uma "mensagem" feita de uma molécula relacionada, o *RNA*, cuja sequência de "letras" é copiada da sequência do gene por meio de uma enzima copiadora. A mensagem do RNA interage com uma peça elaborada do maquinário celular, composta de um conglomerado de proteínas e outras moléculas de RNA, para traduzir a mensagem e produzir a proteína especificada pelo gene. Esse processo é basicamente o mesmo em todas as células, mas nos eucariontes ocorre no citoplasma, e a mensagem primeiro deve passar do núcleo às regiões celulares em que a máquina de tradução está situada. Entre os genes nos cro-

humano proteína	Asn	Glu	Thr	Gly	Ala	Arg	Cys	Leu	Val	Glu	Val	Ser	Ile	Ser	Asp	Gly	Leu	Phe	Leu	Ser	Leu
humano	aac	cag	aca	gga	gcc	cgg	tgc	ctg	gtg	gag	gtg	tcc	atc	tct	gac	ggg	ctc	ttc	ctc	agc	ctg
chimpanzé	aac	cag	aca	gga	gcc	cgg	tgc	ctg	gtg	gag	gtg	tcc	atc	tct	gac	ggg	ctc	ttc	ctc	agc	ctg
cão	aac	cag	acC *	ggG *	Ccc Pro	Tgg Trp	tgc	ctg	gtg	gag	gtg	tcc	atc	tct	Aac Asn	ggg	ctG *	ttc	ctc	agc	ctg
rato	aac	cag	Tca Ser	gAG Glu	CcT Pro	cAg Gln	tgc	ctg	gtg	TaT Tyr	gtg	tcc	atc	CcA Pro	gaT *	ggC *	ctc	ttc	ctc	agc	ctA *
porco	aac	cag	acG *	ggC *	CCC Pro	cgg	tgc	ctg	gtg	gag	gtg	tcc	atc	atT *	gac	ggg	ctc	ttc	ctc	agc	ctg

humano proteína	Leu	Val	Leu	Ser	Asn	Ala	Val	Leu	Ala	Thr	Ile	Gly	Ala	Phe	Leu	Ser	Arg		
humano	ctg	gtg	ctg	agc	aac	gcg	gtg	ctg	gcc	acc	atc	ggg	gcc	aag	aac	cgg	aac		
chimpanzé	ctg	gtg	ctg	agc	aac	gcg	gtg	ctg	gcc	acc	gcc	atc	gcc	aag	aac	cgg	aac		
cão	ctg	Gtg	Gtt *	agc	aaT *	gcg	ATg Met	Gtg Val	Gcc *	Acc *	gcc	atT *	Gcc *	aag	aac	cgC *	Aac *		
Rato	ctg	gtg	agT *	gtT *	aaT *	ATg Met	gTT Val	ATA *	Gcc *	atc	atc	Acc *	GCC *	aaa	aac	cgC *	aac		
porco	ctg	gtg	ctg	agc	aac	gTg Val	gTg Val	ctg	Gcc *	acc	gcc	atc	Gcc *	aag	aac	cgC *	Aac *		

8. Sequências de proteína e de DNA de uma parte do gene que codifica o receptor de hormônio estimulador de melanócitos, mostrado na figura 4, em seres humanos e em vários outros mamíferos. A figura mostra apenas 40 aminoácidos do total de 951 na proteína. As sequências de DNA humanas são mostradas no topo, com espaços entre os conjuntos de três letras do DNA, e a sequência proteica está nas faixas cinza abaixo destas (usando um código de três letras para os diferentes aminoácidos). As outras espécies são mostradas abaixo. Onde as sequências de DNA diferem da humana, a letra está grafada em maiúscula. Os códons que incluem uma diferença com relação à sequência humana, mas que codificam o mesmo aminoácido que nos humanos, são marcados com um asterisco, ao passo que os códons que codificam diferenças com relação à sequência proteica humana estão destacados. Muitas pessoas com cabelo ruivo têm uma variante de aminoácido no códon 151.

mossomos, há trechos de DNA que não codificam proteínas; parte desse DNA *não codificador* tem a importante função de atuar como locais para a conexão de proteínas que ativam ou desativam a produção de mensagem de RNA dos genes conforme necessário. Por exemplo, os genes para hemoglobina estão ativados nas células que se transformam em hemácias, mas desativados nas células cerebrais.

Apesar das enormes diferenças nos modos de vida dos vários organismos – de organismos unicelulares a corpos compostos de bilhões de células com tecidos extremamente diferenciados –, as células eucariontes passam por processos similares de divisão celular. Organismos unicelulares tais como uma ameba ou uma levedura podem se reproduzir simplesmente dividindo-se em duas células-filhas. Um óvulo fertilizado de um organismo pluricelular, produzido pela fusão de um óvulo e um espermatozoide, também se divide em duas células-filhas (figura 7). Então, ocorrem muitas outras rodadas de divisão celular para produzir os vários tipos de células e tecidos que formam o corpo do organismo adulto. Em um mamífero, há mais de trezentos tipos de células diferentes no corpo adulto. Cada tipo tem uma estrutura característica e produz uma gama específica de proteínas. Para que essas células deem origem a diferentes tecidos e órgãos, as redes de interação entre as células do embrião em desenvolvimento devem estar submetidas a um controle extremamente elaborado. Os genes são ativados e desativados para garantir que o tipo adequado de célula seja produzido no lugar certo e na hora certa. Em alguns organismos muito estudados, como a *Drosophila melanogaster*, hoje conhecemos detalhes sobre como essas interações resultam no surgimento da complexa estrutura corporal da mosca a partir de um óvulo aparentemente não diferenciado. Descobriu-se que muitos processos de sinalização celular envolvidos no desenvolvimento e na diferenciação de determinados tecidos, tais como os nervos, são comuns a todos os organismos pluricelulares, ao passo que as plantas terrestres usam um conjunto bem diferente, como se poderia esperar com base nos registros fósseis, que mostram que os animais pluricelulares e as plantas têm origens evolutivas distintas (ver Capítulo 4).

Quando uma célula se divide, o DNA dos cromossomos primeiro é replicado, de modo que há duas cópias de cada cromossomo. A divisão celular é um processo com controles rígidos para garantir que a sequência de DNA que acaba de ser copiada seja submetida a uma "revisão" à procura de erros. As células têm enzimas que, usando certas propriedades da maneira como o DNA é replicado, podem distinguir um novo DNA do velho DNA que serviu de "modelo". Isso possibilita que a maioria dos erros ocorridos no processo de cópia sejam detectados e corrigidos, garantindo que o modelo seja copiado fielmente antes de permitir que a célula prossiga para a etapa seguinte, a divisão celular propriamente dita. O maquinário da divisão celular garante que cada célula-filha receba uma cópia completa do conjunto de cromossomos que estava presente na célula-mãe (figura 7).

A maioria dos genes de procariontes (inclusive os de muitos vírus) também são sequências de DNA, organizadas de maneira só um pouco diferente daquelas que estão presentes nos cromossomos de eucariontes. Muitas bactérias têm apenas uma molécula de DNA circular como material genético. Alguns vírus, no entanto, como aqueles responsáveis pela gripe e pela AIDS, têm genes feitos de RNA. A revisão que ocorre na replicação do DNA não acontece quando o RNA é copiado; por isso, esses vírus apresentam taxas muito elevadas de mutação e podem evoluir rapidamente dentro do corpo do hospedeiro. Conforme descreveremos no Capítulo 5, isso significa que é difícil criar vacinas contra eles.

Os eucariontes e os procariontes diferem consideravelmente quanto à quantidade de DNA não codificador. A bactéria *Escherichia coli* (uma espécie normalmente inofensiva que habita nossos intestinos) tem cerca de 4,3 mil genes, e os trechos que codificam as sequências de proteína formam cerca de 86% do DNA dessa espécie. Em contrapartida, menos de 2% do DNA no genoma humano codifica sequências de proteína. Outros organismos situam-se entre esses extremos. A mosca da fruta, *Drosophila melanogaster*, tem aproximadamente 14 mil genes em cerca de 120 milhões de "letras" de DNA, e em torno de 20% do DNA é composto de sequências codificadoras. Ainda não se sabe ao certo o número de genes diferentes no genoma humano. Atualmente, a melhor estimativa vem do sequenciamento do genoma completo. Isso permite que os geneticistas identifiquem sequências que provavelmente são genes, com base no que conhecemos a respeito de genes que já foram estudados. É uma tarefa difícil encontrar essas sequências na enorme quantidade de DNA que compõe o genoma de qualquer espécie, sobretudo em nosso próprio genoma, cujo conteúdo de DNA é muito extenso (25 vezes o da mosca da fruta). O número de genes nos humanos é cerca de 35 mil – muito menor do que se havia suposto com base no número de tipos de células e tecidos com funções diferentes. É provável que o número de proteínas que um humano é capaz de produzir seja muito maior do que isso, porque esse método de contagem não consegue detectar genes muito pequenos ou pouco convencionais (por exemplo, genes situados dentro de outros genes, que existem em vários organismos). Ainda não se sabe quanto do DNA não codificador é importante para a vida do organismo. Embora este seja composto principalmente de vírus e outras entidades parasitas que vivem em cromossomos, uma parte dele tem funções importantes. Conforme já mencionamos, há sequências de DNA fora dos genes que são capazes de unir proteínas controlando quais genes em uma célula são "ativados". O controle da atividade dos genes deve ser muito mais importante em seres pluricelulares do que em bactérias.

Além da descoberta de que organismos muito diferentes têm DNA como material genético, a biologia moderna também revelou profundas similaridades nos ciclos de vida dos eucariontes, apesar de sua diversidade (eles variam de fungos unicelulares, tais como leveduras, a seres de vida longa – embora não imortais –, como muitas árvores e nós, seres humanos, passando por animais e plantas anuais). Vários eucariontes, ainda que não todos, têm uma fase sexual em cada geração, em que os genomas materno e paterno do óvulo e do espermatozoide (cada um deles composto de um conjunto de um certo número n de cromossomos diferentes, característico da espécie em questão) combinam-se para formar um indivíduo com $2n$ cromossomos. Quando um animal produz novos óvulos ou espermatozoides, a condição n é restaurada por um tipo especial de divisão celular. Aqui, cada par de cromossomos maternos e paternos é alinhado e, após trocar material para formar cromossomos que são remendos com parte do DNA paterno e parte do DNA materno, os pares de cromossomos se separam de modo similar à separação de cromossomos recém-duplicados em outras divisões celulares. Ao final do processo, o número de cromossomos no núcleo celular de cada óvulo ou espermatozoide é, portanto, reduzido à metade, mas cada óvulo ou espermatozoide possui um conjunto completo dos genes do organismo. O conjunto duplo será restaurado com a união dos núcleos do óvulo e do espermatozoide na fecundação.

As características básicas da reprodução sexual devem ter evoluído muito antes da evolução de plantas e animais pluricelulares, que só surgiram bem mais tarde na escala evolutiva. Isso fica claro se consideramos as características comuns à reprodução de organismos sexuados unicelulares e pluricelulares, assim como os genes e proteínas similares envolvidos no controle da divisão celular e no comportamento dos cromossomos em grupos tão distantes quanto leveduras e mamíferos. Na maioria dos eucariontes unicelulares, a célula $2n$ produzida pela fusão de um par de células, cada uma delas com n cromossomos, logo se divide para produzir células com n cromossomos, tal como descrevemos anteriormente acerca da produção de células germinativas em animais pluricelulares. Nas plantas, a redução do número de cromossomos de $2n$ a n acontece antes da formação do óvulo e do espermatozoide, mas implica o mesmo tipo de divisão celular especial; nos musgos, por exemplo, há uma fase prolongada do ciclo de vida com um número n de cromossomos que forma a planta, em que o breve estágio parasitário $2n$ se desenvolve depois da formação dos óvulos e espermatozoides e da fecundação.

As complicações desses processos sexuais não estão presentes em alguns organismos pluricelulares. Nas espécies "assexuadas", as mães produzem filhas sem uma redução no número $2n$ de cromossomos durante a produção do óvulo. No entanto, todos os organismos assexuados pluricelulares mostram claros sinais de descender de ancestrais sexuados. Por exemplo, os dentes-de-leão comuns são assexuados; suas sementes se formam sem a necessidade de que as flores sejam polinizadas, tal como requer a maioria das plantas para se reproduzir. Esta é uma vantagem para uma espécie daninha como o dente-de-leão comum, que rapidamente gera um grande número de sementes, como qualquer pessoa que tem um gramado pode comprovar por si mesma. Outras espécies de dente-de-leão se reproduzem por acasalamentos normais entre os indivíduos, e os dentes-de-leão comuns estão tão intimamente relacionados com estes que ainda produzem pólen capaz de fertilizar as flores das espécies sexuadas.

Mutações e seus efeitos

Apesar dos mecanismos de revisão que corrigem erros quando o DNA é copiado durante a divisão celular, ocorrem erros, e estes são a origem das mutações. Se uma mutação resulta em mudança na sequência de aminoácidos de uma proteína, a proteína pode não funcionar como deveria; por exemplo, pode não dobrar da forma correta e, portanto, ser incapaz de exercer sua função adequadamente. Se for uma enzima, isso poderá fazer que a via metabólica à qual pertence seja executada devagar, ou mesmo interrompida, como no caso das mutações que provocam o albinismo, já citadas. Mutações em proteínas estruturais ou comunicacionais podem prejudicar as funções celulares ou o desenvolvimento do organismo. Muitas doenças em humanos são causadas por tais mutações. Por exemplo, mutações que ocorrem em genes envolvidos no controle da divisão celular aumentam o risco de câncer. Conforme já mencionado, as células têm excelentes sistemas de controle para se assegurar de que só se dividirão quando tudo estiver em ordem (a revisão à procura de mutações deve ter sido concluída, a célula não deve apresentar sinais de infecção ou outro dano, e assim por diante). Mutações que afetam esses sistemas de controle podem resultar em divisão celular descontrolada e no crescimento maligno da linhagem celular. Por sorte, é raro que ambos os membros de um par de genes em uma célula sejam mutantes, e um membro não mutante do par de genes costuma ser suficiente para corrigir o funcionamento da célula. Uma linhagem celular também requer outras adaptações para que realmente se torne um câncer; por isso, um estado maligno é pouco usual. (Os tumores necessitam de fornecimento de sangue, e as características anormais da célula devem escapar à detecção feita pelo corpo.) Entretanto, compreender a divisão celular e seu controle é uma parte importante das pesquisas sobre câncer. O processo é tão similar em células de diferentes organismos eucariontes que os prêmios Nobel de medicina em 2001 foram concedidos a pesquisas sobre a divisão celular em leveduras, que mostraram que um gene envolvido no sistema de controle das células de levedura apresenta mutação em alguns tipos de câncer hereditário em humanos.

As mutações que predispõem ao câncer são raras, assim como a maioria das outras mutações que causam doenças. O distúrbio genético mais comum nas populações humanas do Norte da Europa é a fibrose cística; porém, mesmo nesse caso, a sequência não mutante do gene envolvido representa mais de 98% das cópias do gene na população. As mutações que provocam defeitos em enzimas ou proteínas importantes podem diminuir a sobrevivência ou a fertilidade dos indivíduos afetados. Portanto, a sequência de genes que leva a enzima a não funcionar será menos frequente na geração seguinte e finalmente será eliminada da população. Um papel essencial da seleção natural é manter as proteínas e outras enzimas funcionando bem na maioria dos indivíduos. Retomaremos essa ideia no Capítulo 5.

Um tipo importante de mutação faz que o gene afetado não produza a proteína em quantidade suficiente. Isso acontece devido a um problema no sistema normal de controle para aquele gene, que não é ativado quando deveria sê-lo, não produz a quantidade correta, ou interrompe a produção da proteína antes que seja concluída. Outras mutações podem não abolir a produção de uma enzima, mas a enzima resulta defeituosa, assim como uma linha de produção vem a ser prejudicada ou interrompida quando uma das ferramentas ou máquinas necessárias apresenta algum defeito. Se um ou mais dos aminoácidos que a compõem estiverem faltando, talvez a proteína não funcione corretamente, e o mesmo acontece se um aminoácido diferente surgir em determinada posição na cadeia, mesmo que todo o restante esteja correto. As mutações que causam perdas de função podem contribuir para a evolução quando a seleção já não atua para eliminá-las (ver Capítulos 2 e 6 para entender como as mutações seletivamente neutras disseminam-se). Nos humanos, cerca de 65% dos genes receptores olfativos são "genes residuais" que não produzem proteínas receptoras funcionais, razão pela qual temos muito menos funções olfativas do que ratos ou cães (o que não é de surpreender, dada a importância do olfato na vida cotidiana e nas interações sociais desses animais em comparação ao papel secundário que exerce na nossa).

Há também muitas diferenças entre indivíduos normais em uma espécie. Por exemplo, os indivíduos de populações humanas diferem quanto à capacidade de sentir o sabor ou o cheiro de certas substâncias químicas, ou de decompor algumas substâncias químicas usadas como anestésicos. As pessoas que não têm a enzima capaz de decompor um anestésico podem sofrer uma reação a ele, porém, se não fosse por isso, a ausência da enzima não importaria. Diferenças similares na capacidade de lidar com outros medicamentos, e às vezes com alimentos, são um importante aspecto da variabilidade em humanos, e o conhecimento dessas diferenças é necessário para a medicina moderna, em que se costuma usar medicamentos fortes.

As mutações na enzima glicose-6-fosfato desidrogenase (enzima usada em uma das primeiras etapas na via pela qual as células obtêm energia da glicose) ilustram alguns desses tipos de diferenças. Os indivíduos que não têm esse gene não conseguem sobreviver (porque a via em que ela é usada é vital para controlar os níveis de substâncias químicas tóxicas produzidas como subproduto da geração de energia celular). Nas populações humanas, há no mínimo 34 variantes normais da proteína que não só são compatíveis com uma vida saudável, como também protegem contra a malária. Cada uma dessas variantes difere da sequência normal mais comum da proteína em apenas um ou alguns poucos aminoácidos. Muitas dessas variantes são comuns na África e nas regiões mediterrâneas; em algumas populações acometidas pela malária, os indivíduos variantes são frequentes. No entanto, algumas das variantes causam uma forma de anemia quando um tipo de feijão é ingerido, ou quando se tomam certos medicamentos que combatem a malária. Os conhecidos grupos ABO e outros grupos sanguíneos são mais um exemplo de variabilidade na população humana; eles se devem à variação na sequência de proteínas que controlam detalhes da superfície das hemácias. A variação na proteína receptora para o hormônio estimulador de melanócito, que é importante na produção da melanina que pigmenta a pele (figura 4), pode causar diferenças na cor do cabelo; em muitas pessoas ruivas, essa proteína tem uma sequência de aminoácidos alterada. Conforme discutiremos no Capítulo 5, a variabilidade genética é a matéria-prima essencial sobre a qual a seleção natural atua para produzir mudanças evolutivas.

Classificação biológica e sequências de DNA e de proteínas

Um novo e importante conjunto de dados que fornece claras evidências de que os organismos estão relacionados uns aos outros por meio da evolução provém das letras em seu código genético, que hoje podem ser "lidas" pelo procedimento químico de sequenciamento do DNA. Os sistemas de classificação biológica baseados em características visíveis, que foram desenvolvidos no decorrer dos últimos séculos de estudo de plantas e de animais, são hoje corroborados por estudos recentes que comparam sequências de DNA e de proteínas de diferentes espécies. Por meio da medição da similaridade entre sequências de DNA, é possível chegar a um conceito objetivo da relação entre as espécies. Descreveremos esse processo em mais detalhe no Capítulo 6. Por ora, só precisamos entender que as sequências de DNA de um certo gene são mais similares para espécies com relações de parentesco mais próximas, e mais diferentes para aquelas com relações de parentesco mais distantes (figura 8). A quantidade de diferenças aumenta de modo mais ou menos proporcional à quantidade de tempo que separa as duas sequências que estão sendo comparadas. Essa propriedade da evolução molecular permite que os biólogos evolutivos calculem em que momento ocorreram acontecimentos que não podem ser estudados em fósseis, usando um *relógio molecular*. Por exemplo, já mencionamos mudanças na ordem dos genes de um organismo em seus cromossomos. Um relógio molecular pode ser usado para estimar a taxa de tais rearranjos cromossômicos. Em consonância com a perspectiva evolutiva, as espécies que acreditamos ser parentes próximos, como os humanos e os macacos reso, têm cromossomos que diferem por um número menor de rearranjos do que os humanos e os primatas do Novo Mundo, tais como os macacos do gênero *Lagothrix*, ao qual pertence o macaco-barrigudo.

No próximo capítulo, explicaremos os indícios de evolução com base nos registros fósseis e em dados sobre a distribuição geográfica das espécies. Essas observações complementam as que foram descritas aqui ao mostrar que a teoria da evolução fornece uma explicação natural para uma ampla gama de fenômenos biológicos.

Capítulo 4

Indícios de evolução:
padrões no espaço e no tempo

> A história do homem, portanto, é apenas uma breve onda no oceano do tempo.
>
> De *On the Interaction of the Natural Forces*
> Hermann von Helmholtz, 1854

A idade da Terra

Teria sido impossível perceber que os seres vivos originaram-se por evolução se os geólogos do fim do século XVIII e início do século XIX não tivessem conseguido determinar que a própria estrutura da Terra é produto de processos físicos de longa duração. Os métodos envolvidos têm princípios similares àqueles usados por historiadores e arqueólogos. Conforme escreveu o conde de Buffon, naturalista francês, em 1774:

> Assim como na história civil consultamos autoridades, estudamos medalhas e deciframos inscrições antigas a fim de determinar as épocas de revolução humana e a data dos acontecimentos morais, também na história natural devemos escavar os arquivos do mundo, extrair relíquias antigas das entranhas da terra, reunir seus fragmentos e montar novamente em um único corpo de evidências todos os indicadores de mudanças físicas que podem nos conduzir de volta às diferentes eras da Natureza. Esta é a única maneira de determinar certos pontos na imensidão do espaço, e de estabelecer marcos no caminho eterno do tempo.

Correndo o risco de simplificar em demasia, pode-se afirmar que duas ideias essenciais levaram ao êxito da incipiente geologia: o princípio de *uniformitarianismo* e a invenção da *estratigrafia* como método de datação. O uniformitarianismo está particularmente associado ao geólogo novecentista James Hutton, de Edimburgo, e mais tarde foi sistematizado por outro cientista escocês, Charles Lyell, em seus *Princípios de geologia* (1830). Consiste simplesmente em aplicar à história da estrutura da Terra os mesmos princípios usados pelos astrônomos ao tentar compreender a constituição de planetas e estrelas distantes: presume-se que os processos físicos elementares envolvidos são os mesmos em todos os lugares e em todas as épocas. A mudança geológica ao longo do tempo reflete a operação das leis da física, que são imutáveis. Por exemplo, segundo a teoria física, a velocidade da rotação da Terra deve ter diminuído no decorrer de milhões de anos devido às forças friccionais induzidas pelas ondas, que são causadas pelas forças gravitacionais do Sol e da Lua. A duração do dia é hoje muito mais longa do que quando a Terra se formou, mas a intensidade da força da gravidade não mudou.

Obviamente, não há nenhuma justificativa isolada para esse pressuposto de uniformidade, assim como não há nenhuma razão lógica para o pressuposto da regularidade da natureza que é inerente aos aspectos mais elementares de nossa vida cotidiana. De fato, não há distinção alguma entre esses dois pressupostos, exceto a escala de tempo e espaço à qual se aplicam. A justificativa é que, em primeiro lugar, o uniformitarianismo representa a base mais simples possível à qual podemos recorrer para interpretar acontecimentos que são remotos no tempo e no espaço. Em segundo lugar, ele se mostrou notadamente eficaz.

O pressuposto do uniformitarianismo na geologia implica que a constituição atual da superfície da Terra reflete a ação acumulada de processos de formação de novas rochas tanto por ação vulcânica e deposição de sedimentos em rios, lagos e mares quanto por erosão de velhas rochas pela ação do vento, da água e do gelo. A formação de rochas *sedimentares*, como o arenito e o calcário, depende da erosão de outras rochas. Já a formação de montanhas pela ação vulcânica e pela elevação da terra em consequência de terremotos deve preceder a degradação causada pela erosão. Esses processos podem ser observados em ação nos dias de hoje: qualquer pessoa que tenha visitado uma região montanhosa, sobretudo em uma época do ano em que ocorre congelamento e degelo, terá testemunhado a erosão de rochas e o transporte dos escombros resultantes pelos riachos e rios. A deposição de sedimentos na foz de um rio também é fácil de observar. A atividade vulcânica e os terremotos são restritos a certas regiões do globo, principalmente as extremidades de continentes e os meios de oceanos, por razões que hoje são bem conhecidas, mas há uma série de exemplos documentados da formação de novas ilhas oceânicas por ação vulcânica e da elevação de terra devido a terremotos. Em *A viagem do Beagle*, Darwin assim descreveu os efeitos do terremoto chileno de fevereiro de 1835:

> O efeito mais memorável desse terremoto foi a elevação permanente da terra; provavelmente seria mais correto afirmar que esta foi a sua causa. Não há dúvida de que a terra em torno da baía de Concepción se elevou de sessenta a noventa centímetros [...]. Na ilha de Santa María (a cerca de cinquenta quilômetros de distância), a elevação foi ainda maior; em uma parte, o capitão Fitzroy encontrou camas de conchas de mexilhões putrefatas, *ainda aderindo às rochas*, três metros acima da marca da maré alta [...]. A elevação dessa província é particularmente interessante por ela ter sido palco de vários outros terremotos violentos e pelo vasto número de conchas espalhadas pela terra, até uma altura de certamente 180 metros e, acredito, trezentos metros.

A geologia fez avanços notáveis ao interpretar a estrutura da Terra em sua superfície (ou perto desta) no que concerne a esses processos e também ao reestruturar os acontecimentos que levaram ao aspecto atual de muitas partes do planeta. A ordem desses acontecimentos pode ser determinada pelo princípio de estratigrafia. Utilizam-se informações sobre a composição mineral e os tipos de fósseis encontrados em diferentes camadas de rochas (*estratos*) para caracterizar camadas individuais. Reconhecer que os fósseis representam os remanescentes preservados de plantas e animais mortos há muito tempo, e não artefatos de formação mineral, foi essencial para o sucesso da estratigrafia. Os tipos de fósseis encontrados em determinada camada de rocha sedimentar fornecem evidências sobre o ambiente que prevalecia quando tal camada foi assentada; por exemplo, normalmente é possível dizer se os organismos eram marinhos, de água doce ou terrestres. Os fósseis, é claro, não estão presentes em rochas como granito ou basalto, que se formam pela solidificação de material derretido proveniente do interior da Terra.

Durante as viagens pela Grã-Bretanha para construir canais no início do século XIX, o engenheiro inglês William Smith percebeu que sucessões similares de estrato ocorriam em diferentes partes da Grã-Bretanha (que, para um território tão pequeno, tem uma rara variedade de rochas de diferentes eras geológicas). Usando o princípio de que as rochas mais antigas costumam estar situadas abaixo das mais recentes, a comparação da sucessão de estratos em diferentes localidades permitiu aos geólogos reconstruir sequências de estratos que foram depositados no decorrer de períodos muito longos. Se em um lugar são encontradas rochas do tipo A sob rochas do tipo B, e em outro lugar são encontradas rochas do tipo B sob rochas do tipo C, infere-se a sequência A-B-C, mesmo que A e C nunca sejam encontradas juntas em um mesmo lugar.

Fazendo uso sistemático desse método, os cientistas do século XIX conseguiram determinar as principais divisões de tempo geológico (figura 9). Estas produzem uma cronologia relativa, e não absoluta; datas absolutas requerem métodos para determinar a frequência dos processos envolvidos, algo que é muito difícil de fazer com precisão. Os processos envolvidos na formação de paisagens são muito lentos; a erosão até mesmo de alguns milímetros de rocha leva muitos anos, e a deposição de sedimentos é igualmente vagarosa. De modo similar, a elevação de terra inclusive nas áreas mais

Era	Período	Época	Anos atrás
	Quaternário	Holoceno	10 mil
		Pleistoceno	2 milhões
Cenozoica	Terciário	Plioceno	7 milhões
		Mioceno	26 milhões
		Oligoceno	38 milhões
		Eoceno	54 milhões
		Paleoceno	64 milhões
Mesozoica	Cretáceo		136 milhões
	Jurássico		190 milhões
	Triásico		225 milhões
Paleozoica	Permiano		280 milhões
	Carbonífero		345 milhões
	Devoniano		410 milhões
	Siluriano		440 milhões
	Ordoviciano		530 milhões
	Cambriano		570 milhões

Centenas de milhões de anos atrás		
	0	___ Era dos mamíferos _____ Era dos dinossauros _____ Primeiros vertebrados terrestres
	5	___Primeiro esqueleto (os bons registros fósseis começam aqui) ___Primeiros animais pluricelulares (Ediacara)
	10	
	15	___Primeiros eucariontes
	20	
	25	
	30	
	35	___Primeiros fósseis (bactérias, formações de ferro bandado, estromatólitos) ___Rochas mais antigas
	40	
	45	___Lua/meteoritos

9. As principais divisões do tempo geológico. A parte superior mostra as divisões do período Cambriano em diante, no qual se encontra a maioria dos fósseis (isso é menos de um oitavo do tempo desde a formação da Terra). A parte inferior mostra os principais acontecimentos ocorridos ao longo da história da Terra.

ativas no que concerne à formação de montanhas, tais como os Andes, ocorre a uma taxa de apenas uma fração de um metro por ano em média.

Considerando-se a existência de rochas sedimentares da mesma formação que têm vários quilômetros de profundidade em muitas partes do mundo, e os indícios de que depósitos igualmente grandes sofreram erosão, logo se percebeu a necessidade de uma escala de tempo para a existência da Terra de no mínimo muitas dezenas de milhões de anos, em conflito com a cronologia bíblica. Assim, Lyell propôs que o período Terciário durou cerca de 80 milhões de anos e que o Cambriano ocorreu há 240 milhões de anos.

Uma escala de tempo tão extensa para a Terra foi questionada pelo eminente físico Lord Kelvin, que afirmava que a taxa de resfriamento de uma Terra originalmente derretida teria tornado o seu centro muito mais frio do que de fato é se esta tivesse se formado há mais de 100 milhões de anos. O cálculo de Kelvin estava correto para os físicos de sua época. No entanto, no final do século XIX, descobriu-se a decomposição radioativa de elementos instáveis, tais como o urânio, em elementos mais estáveis. Esse processo de decomposição é acompanhado da liberação de energia suficiente para frear a taxa de resfriamento da Terra a um valor que coincide com as estimativas atuais de sua idade.

A radioatividade também forneceu métodos novos e confiáveis para determinar a idade de amostras de rochas. Os átomos de elementos radioativos têm uma probabilidade anual constante de se decompor em um elemento-filho mais estável, acompanhado da emissão de radiação. Quando uma rocha é assentada, pode-se presumir que o elemento em questão é puro; portanto, medindo-se a proporção do elemento--filho presente na rocha, é possível estimar o tempo desde a formação daquela rocha, contanto que se conheça a taxa do processo de decomposição revelada pelos experimentos. Diferentes elementos são úteis para datar rochas de idades diferentes. A determinação da idade de rochas pertencentes a diferentes períodos geológicos por meio dessa técnica forneceu as datas aceitas hoje em dia.

Embora os métodos sejam constantemente aprimorados e as datas revisadas, a escala de tempo geral que eles indicam é muito clara (figura 9). Ela estipula uma quantidade de tempo imensa, quase indecifrável, para a evolução biológica.

O registro fóssil

O registro fóssil é nossa única fonte direta de informação sobre a história da vida. Para interpretá-lo corretamente, é necessário entender como os fósseis se formam e como os cientistas os estudam. Quando uma planta, animal ou micróbio morre, as partes moles tendem a se decompor rapidamente. Somente em ambientes atípicos, tais como a atmosfera árida de um deserto ou os agentes conservantes de um pedaço de âmbar, os micróbios responsáveis pela decomposição são incapazes de decompor as partes moles. Foram encontrados exemplos notáveis de conservação das partes moles, que às vezes remontam a dezenas de milhões de anos atrás, no caso de insetos capturados em âmbar, mas estas são exceções, e não a regra. Até mesmo estruturas do esqueleto, tais como a quitina dura que cobre o corpo de insetos e aranhas, ou os ossos e dentes de vertebrados, finalmente se decompõem. No entanto, seu ritmo mais lento de decomposição oferece uma oportunidade para a infiltração de minerais, que por fim substituem o material original por uma réplica mineralizada (às vezes, isso também acontece com as partes moles). Ou, ainda, os minerais, ao serem depositados ao redor deles, podem criar um molde de sua forma.

A fossilização tem mais probabilidade de acontecer em ambientes aquáticos, onde a deposição de sedimentos e a precipitação de minerais ocorrem no fundo de mares, lagos e estuários de rios. Os restos que afundam podem, então, transformar-se em fósseis, embora a chance de que isso aconteça para determinado indivíduo seja extremamente pequena. O registro fóssil é, portanto, muito tendencioso:

os organismos marinhos que habitam mares rasos, onde os sedimentos se formam continuamente, têm o melhor registro fóssil, enquanto os seres voadores têm os piores. Além disso, a deposição de sedimentos pode ser interrompida, por exemplo, por uma mudança climática ou por uma elevação do leito marinho. Para muitos tipos de organismos, não temos quase nenhum registro fóssil; para outros, o registro é interrompido muitas vezes.

Um excelente exemplo dos problemas causados por essa incompletude é fornecido pelo celacanto. Este é um tipo de peixe ósseo com barbatanas lobadas, que se relaciona com os ancestrais dos primeiros vertebrados terrestres. Os celacantos foram abundantes na era Devoniana (há 400 milhões de anos), mas depois seu número diminuiu. Os últimos celacantos fósseis datam de cerca de 65 milhões de anos atrás, e por muito tempo o grupo foi considerado extinto. Em 1939, pescadores das ilhas Comoro, na costa sudeste da África, pescaram um peixe de aparência estranha, que acabou revelando-se um celacanto. Então, os cientistas puderam estudar os hábitos de celacantos vivos, e uma nova população foi descoberta na Indonésia. Os celacantos devem ter existido continuamente durante um largo intervalo de tempo, mas não deixaram nenhum registro fóssil devido à sua baixa abundância e à grande profundidade em que vivem.

As lacunas no registro fóssil significam que é raro ter uma série continuada de restos mostrando as mudanças mais ou menos constantes pressupostas pela hipótese da evolução. Na maioria dos casos, novos grupos de animais ou plantas fazem sua primeira aparição no registro fóssil sem nenhuma relação óbvia com formas anteriores. O exemplo mais famoso é a "explosão cambriana", que se refere ao fato de que a maioria dos principais grupos de animais aparecem pela primeira vez como fósseis no período Cambriano, entre 550 e 500 milhões de anos atrás (esse tópico será discutido novamente no Capítulo 7).

Entretanto, conforme Darwin argumentou eloquentemente em *A origem das espécies*, as características gerais do registro fóssil oferecem fortes indícios de evolução. Desde então, as descobertas dos paleontólogos têm corroborado seus argumentos. Em primeiro lugar, muitos exemplos de formas intermediárias foram descobertos, conectando grupos que antes se supunha separados por brechas intransponíveis. O fóssil da ave-réptil *Archaeopteryx*, descoberto logo após a publicação de *A origem das espécies*, é talvez o mais famoso. Fósseis de *Archaeopteryx* são raros (existem apenas seis espécimes). Eles vêm do calcário jurássico de cerca de 120 milhões de anos atrás, depositado em um grande lago na Alemanha. Esses seres apresentam um mosaico de características, algumas lembrando as das aves modernas, tais como asas e penas, e outras parecidas com as dos répteis, tais como maxilar dentado (em vez de bico) e cauda longa. Muitos detalhes de seu esqueleto são indistinguíveis dos de um grupo contemporâneo de dinossauros, mas o *Archaeopteryx* difere deles, pois é claramente capaz de voar. Outros fósseis que associam aves a dinossauros foram encontrados depois, e nos anos recentes se descobriu que existiram dinossauros com penas antes do *Archaeopteryx*. Outros intermediários importantes incluem os mamíferos fósseis do Eoceno (cerca de 60 milhões de anos atrás), com membros anteriores, e membros posteriores reduzidos adaptados à natação. Estes estabelecem uma relação entre as baleias modernas e animais que pertencem ao grupo dos herbívoros artiodátilos, que inclui as vacas e as ovelhas.

Os seres humanos são um excelente exemplo de lacunas no registro fóssil que vão sendo preenchidas conforme avançam as pesquisas. Nenhum vestígio fóssil associando macacos e humanos era conhecido na época da publicação do livro de Darwin sobre a evolução humana, *A origem do homem*, de 1871. Darwin afirmava, com base em similaridades anatômicas, que os seres humanos eram mais próximos dos gorilas e chimpanzés e que, portanto, provavelmente se originaram na África, de um ancestral que também deu origem a esses macacos. Desde então, toda uma série de vestígios fósseis foi encontrada e datada com precisão pelos métodos descritos anteriormente, e novos fósseis continuam a ser encontrados. Quanto mais próximos dos nossos dias, mais similares são os fósseis com relação aos humanos modernos (figura 10); os primeiros fósseis que podem ser claramente atribuídos ao *Homo sapiens* datam de apenas algumas poucas centenas de milhares de anos. Em consonância com as inferências de Darwin, o início da evolução humana provavelmente aconteceu na África, e tudo indica que nossos parentes chegaram à Eurásia há cerca de 1,5 milhão de anos.

Há também casos de sequências temporais de fósseis quase totalmente contínuas, nas quais parece certo que temos um registro de mudança em uma única linhagem em evolução. Os melhores exemplos vêm de estudos dos resultados de sondagens de depósitos no fundo do mar, com

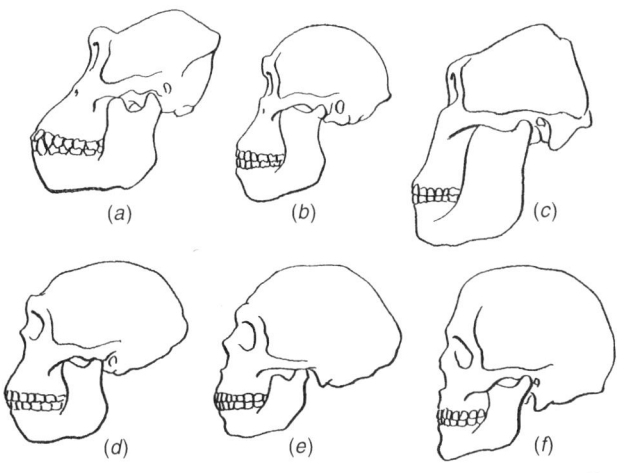

10. Crânios de alguns ancestrais e parentes de humanos. A. Gorila fêmea. B e C. Fósseis de duas espécies diferentes de um dos primeiros parentes do homem, o *Australopithecus*, de cerca de 3 milhões de anos atrás. D. Fóssil de um intermediário entre o *Australopithecus* e os humanos modernos, chamado *Homo erectus*, de cerca de 1,5 milhão de anos atrás. E. Fóssil de um humano de Neanderthal, *Homo neanderthalensis*, de cerca de 70 mil anos atrás. F. Humano moderno, *Homo sapiens*.

base nos quais é possível recompor longas colunas rochosas. Isso torna possível uma separação temporal bastante detalhada entre as sucessivas amostras de microrganismos cujos inúmeros esqueletos fossilizados formam o corpo da rocha. A medição cuidadosa da forma do esqueleto de seres como os foraminíferos, que são animais marinhos unicelulares, permite a caracterização das médias e dos níveis de

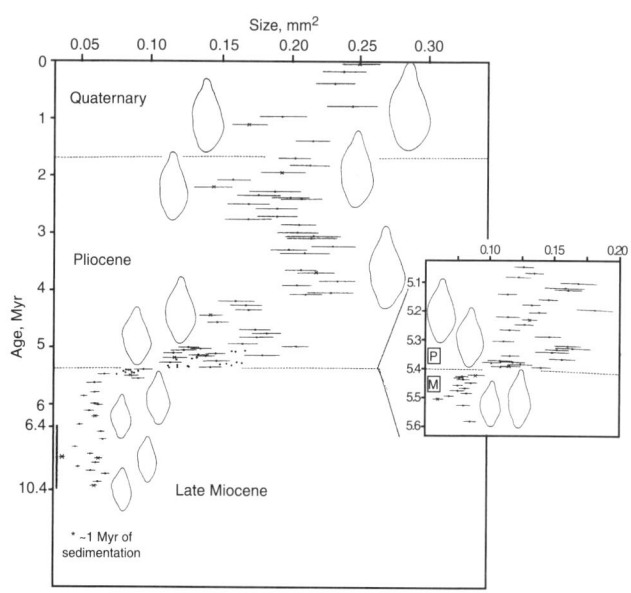

11. Mudança evolutiva gradual em uma série de fósseis. A figura mostra as médias e as variações de tamanho do corpo em amostras de um foraminífero fóssil (*Globorotalia tumida*), um animal marinho unicelular dotado de concha. O tamanho muda gradativamente nessa linhagem, exceto por duas descontinuidades observáveis. No limite entre o Mioceno Superior e o Plioceno, um conjunto de fósseis pormenorizado (ver detalhe) mostra que a descontinuidade observada no conjunto mais amplo de fósseis reflete quase inteiramente um episódio de mudança muito rápida, já que as variações das amostras mais sucessivas se sobrepõem. Para a descontinuidade logo antes de 4 milhões de anos atrás, atualmente não há nenhum registro fóssil.

variabilidade de sucessivas populações no decorrer de um largo período (figura 11).

Mesmo que não houvesse nenhum intermediário no registro fóssil, as características gerais do registro são quase incompreensíveis, exceto à luz da evolução.

Embora o registro fóssil antes da era Cambriana seja fragmentário, há indícios de restos de bactérias e organismos unicelulares relacionados que datam de mais de 3,5 bilhões de anos antes disso. Muito mais tarde, há resquícios de células mais avançadas (eucariontes), porém ainda nenhuma evidência de organismos pluricelulares. Organismos compostos de grupos simples de células só apareceram há cerca de 800 milhões de anos, na época da crise ambiental, quando a Terra foi quase completamente coberta de gelo. Datados de 700-550 milhões de anos, há indícios de vida animal pluricelular de corpo mole. Conforme já mencionado, os restos animais associados com esqueleto duro só se tornaram abundantes nas rochas cambrianas, há cerca de 550 milhões de anos. Remontando ao final do Cambriano, por volta de 500 milhões de anos atrás, há evidências de aproximadamente todos os principais grupos de animais, inclusive vertebrados primitivos sem maxilar, similares a peixes, que lembram as lampreias modernas.

Toda forma de vida até essa época está associada a depósitos marinhos, e os únicos restos de plantas são algas, as quais não apresentam os vasos que as plantas pluricelulares utilizam para o transporte de líquidos. Datadas de 440 milhões de anos, há evidências de vida em água doce, seguidas de esporos de fósseis que indicam a existência das primeiras plantas terrestres; peixes com maxilares, similares aos tubarões, aparecem no mar. No Devoniano (400-360 milhões de anos atrás), os resquícios de seres terrestres e de água fresca tornam-se muito mais comuns e diversos. Há indícios de insetos primitivos, aranhas, ácaros e milípedes, bem como fungos e plantas vasculares simples.

Durante a divisão seguinte do registro geológico, o Carbonífero (360-280 milhões de anos atrás), as formas de vida terrestre tornaram-se abundantes e diversas. Os depósitos de carvão, que dão nome a esse período, são os restos fossilizados de plantas parecidas com árvores que cresceram em pântanos tropicais, mas estas são similares às samambaias e cavalinhas contemporâneas, não tendo relação de parentesco com as árvores decíduas ou coníferas atuais. Os restos de répteis primitivos, os primeiros vertebrados a se tornarem totalmente independentes de água, são encontrados no final do Carbonífero. No Permiano (280-250 milhões de anos atrás), há uma grande diversificação de répteis; alguns deles têm características anatômicas que passam a lembrar cada vez mais as de mamíferos (os répteis similares a mamíferos). Aparecem alguns dos grupos modernos de insetos, tais como percevejos e besouros.

O Permiano termina com o maior número de extinções observadas no registro fóssil, em que alguns grupos antes dominantes, como os trilobitas, desaparecem por completo, e muitos outros grupos são quase eliminados. Na recuperação que se segue, surge uma variedade de formas novas, tanto na terra quanto no mar. Plantas similares às coníferas e cicadáceas modernas aparecem no Triássico (250-200 milhões de anos atrás). Surgem dinossauros, tartarugas e crocodilos primitivos; bem no final do período são encontrados mamíferos. Estes são distintos de seus precursores, pois seu maxilar inferior consiste de um único osso conectado diretamente ao crânio (os três ossos que formam essa conexão no crânio dos répteis evoluíram e deram origem aos pequenos ossos internos do ouvido dos mamíferos, ver Capítulo 3, p. 19). Peixes ósseos similares às formas atuais aparecem no mar. No Jurássico (200-140 milhões de anos atrás), os mamíferos se diversificam um pouco, mas a vida na terra ainda é dominada pelos répteis, sobretudo dinossauros. Surgem os répteis voadores e o *Archaeopteryx*. Moscas e cupins aparecem pela primeira vez, assim como caranguejos e lagostas no mar. Somente no Cretáceo (140-65 milhões de anos atrás) aparecem as angiospermas – o último grupo importante de organismos a surgir. Todos os principais grupos de insetos modernos são encontrados nessa época. Os mamíferos com bolsas (marsupiais) aparecem em meados do Cretáceo, e formas similares aos atuais mamíferos placentários são encontradas perto do fim desse período. Os dinossauros continuam abundantes, embora em declínio no final do Cretáceo.

O Cretáceo termina com o mais famoso dos principais eventos de extinção, associado ao impacto de um asteroide que caiu na península de Yucatán, no México. Todos os dinossauros (com exceção das aves) desaparecem, junto com muitas outras formas outrora comuns na terra e no mar. Com isso, tem início o período Terciário, que se estende até o início das grandes eras glaciais, há cerca de 2 milhões de anos. Durante as primeiras divisões do Terciário, entre 65 e 38 milhões de anos atrás, surgem os principais grupos de mamíferos placentários. No início, estes são primordialmente similares a insetívoros modernos como os musaranhos, mas alguns se tornam francamente distintos no final desse período (é possível identificar baleias e morcegos, por exemplo). São encontrados quase todos os principais grupos de animais, bem como tipos modernos de invertebrados, e todos os grandes grupos de angiospermas, com exceção das gramíneas. Peixes ósseos de um tipo essencialmente moderno são abundantes. Entre 38 e 26 milhões de anos atrás, surgem as paisagens campestres, associadas a animais de pasto parecidos com cavalos, com três dígitos (em vez de um único dígito, como os cavalos de hoje). Surgem também macacos primitivos. Entre 26 e 7 milhões de anos atrás, as pradarias cobertas de gramíneas tornam-se comuns na América do Norte, e são encontrados cavalos com dígitos laterais curtos e dentes molares com coroa alta, adaptados para comer pasto. Aparecem vários animais ungulados, tais como porcos, veados e camelos, além de elefantes. Os macacos tornam-se mais diversos, especialmente na África. Entre 7 e 2 milhões de anos atrás, a vida marinha tem um aspecto essencialmente moderno, embora muitas formas que existiam na época estejam hoje extintas. Os primeiros restos de seres com algumas características notadamente humanas surgem nesse período.

O fim do Terciário, de 2 milhões de anos a 10 mil anos atrás, presencia uma série de eras glaciais. A maioria dos animais e plantas são essencialmente modernos quanto à forma. Entre o final da última era glacial, há 10 mil anos, e o presente, os humanos tornaram-se o animal terrestre dominante, e muitas grandes espécies de mamíferos foram extintas. Há alguns indícios fósseis de mudança evolutiva no decorrer desse período, como, por exemplo, a evolução de formas anãs de várias grandes espécies de mamíferos em ilhas.

O registro fóssil, portanto, indica que a vida se originou no mar há mais de 3 bilhões de anos e que, durante mais de 1 bilhão de anos, só existiram organismos unicelulares relacionados a bactérias. Isso é exatamente o que se espera em um modelo evolutivo; a evolução do maquinário necessário para traduzir o código genético em sequências de proteínas, e a complexa organização até mesmo da célula mais simples, deve ter requerido muitas etapas, cujos detalhes desafiam nossa imaginação. A aparição tardia, no registro, de claras evidências de células eucariontes, com sua organização substancialmente mais complexa em comparação às procariontes, também está em consonância com a teoria da evolução. O mesmo se aplica a organismos pluricelulares, cujo desenvolvimento a partir de uma única célula requer elaborados mecanismos de sinalização para controlar o crescimento e a diferenciação: eles não poderiam ter surgido antes que formas unicelulares existissem. Uma vez que surgiram formas pluricelulares simples, é compreensível que elas tenham rapidamente se diversificado em várias formas, adaptadas a diferentes modos de vida, como ocorreu no Cambriano. Discutiremos a adaptação e a diversificação no próximo capítulo. O fato de que a vida foi exclusivamente marinha por um imenso período de tempo também é compreensível em uma perspectiva evolutiva. As evidências geológicas mostram que, nos primórdios da história da Terra, havia muito pouco oxigênio na atmosfera. A consequente falta de proteção do ozônio atmosférico (que é formado a partir do oxigênio) contra a radiação ultravioleta teria impedido a vida na terra ou até mesmo em água doce. Quando houve oxigênio suficiente em consequência das atividades fotossintéticas das primeiras bactérias e algas, esse obstáculo foi eliminado, e então se abriu a possibilidade de invasão da terra. Há indícios de um aumento nos níveis de oxigênio atmosférico durante o período que precedeu o Cambriano, o que pode ter possibilitado a evolução de animais maiores e mais complexos. De modo similar, a aparição de fósseis de vertebrados e insetos voadores após o surgimento de vida na terra faz sentido, já que é improvável que animais voadores verdadeiros pudessem surgir de formas puramente aquáticas.

O fenômeno recorrente do surgimento de formas de vida abundantes e diversas, seguido de sua completa extinção (como ocorreu com os trilobitas e dinossauros) ou de sua redução a apenas uma ou poucas formas sobreviventes (como os celacantos) também parece conforme com a ideia de evolução, cujos mecanismos não têm a capacidade de prever o futuro e não podem garantir que seu produto sobreviverá a grandes e repentinas mudanças ambientais. A rápida diversificação de grupos após a colonização de um novo habitat (como a invasão da terra), ou após a extinção de um grupo rival dominante (como ocorreu com os mamíferos após a desaparição dos dinossauros), é compreensível com base nos princípios evolutivos.

A interpretação do registro fóssil como conhecimento biológico, portanto, segue o mesmo princípio de uniformitarianismo que é aplicado pelos geólogos à história da estrutura da Terra. Os indícios fósseis poderiam ter apresentado padrões que negam a evolução. Conta-se que o grande evolucionista e geneticista J. B. S. Haldane deu a seguinte resposta ao ser indagado acerca de que observação o faria abandonar sua crença na evolução: "um coelho pré-cambriano". Até agora, nenhum fóssil desse tipo foi encontrado.

Padrões no espaço

Outro importante conjunto de fatos que só faz sentido em termos evolutivos vem da distribuição de seres vivos no espaço e não no tempo, conforme descrito por Darwin em dois dos quinze capítulos de *A origem das espécies*. Um dos exemplos mais notáveis é relativo à flora e à fauna de ilhas oceânicas, tais como as Galápagos e as havaianas, cujos indícios geológicos demonstram que foram formadas por ação vulcânica e nunca estiveram conectadas a um continente. De acordo com a teoria da evolução, os habitantes atuais dessas ilhas devem ser descendentes de indivíduos que foram capazes de atravessar as enormes distâncias separando as ilhas recém-formadas do continente habitado mais próximo. Isso coloca várias restrições ao que possivelmente encontraremos. Primeiro, a dificuldade de colonização de um pedaço remoto de terra recém-formada significa que poucas espécies serão capazes de se estabelecer. Segundo, somente tipos de organismos cujas características possibilitem-lhes atravessar centenas ou milhares de quilômetros de oceano conseguirão chegar às ilhas. Terceiro, mesmo nos grupos que forem representados, haverá um elemento extremamente aleatório determinando as espécies presentes, tendo em vista o pequeno número de espécies que chegam às ilhas. Por fim, a evolução nessas ilhas remotas produzirá muitas formas que não são encontradas em nenhum outro lugar.

Essas suposições são atestadas pelas evidências de maneira notória. De fato, as ilhas oceânicas tendem a ter relativamente poucas espécies de qualquer grande grupo em comparação aos continentes ou às ilhas costeiras de clima similar. Os tipos de organismos encontrados em ilhas oceânicas, antes das introduções feitas pelos seres humanos, não representam absolutamente os encontrados em outras partes. Por exemplo, répteis e aves costumam estar presentes, ao passo que animais terrestres e anfíbios estão sistematicamente ausentes. Na Nova Zelândia, não havia nenhum mamífero terrestre antes da ocupação humana, mas havia duas espécies de morcegos. Isso reflete a capacidade dos morcegos para atravessar grandes extensões de água salgada. A disseminação desenfreada de muitas espécies ao serem introduzidas pelos humanos mostra claramente que as condições locais não eram inadequadas para que elas se estabelecessem. Contudo, mesmo entre os principais tipos de animais e plantas presentes, muitas vezes há grupos inteiros faltando, ao passos que outros são representados de modo desproporcional. Assim, nas ilhas Galápagos, há pouco mais de vinte espécies de aves terrestres, das quais catorze são tentilhões, os famosos tentilhões descritos por Darwin no relato de sua viagem pelo mundo no *HMS Beagle*. Isso é muito diferente da situação em outros lugares, nos quais os tentilhões formam apenas uma pequena parte da fauna de aves terrestres. É exatamente o que se esperaria se só houvesse um pequeno número de espécies de aves originais colonizadoras, uma das quais era uma espécie de tentilhão que se tornou o ancestral da espécie atual.

Conforme prevê essa teoria, as ilhas oceânicas fornecem muitos exemplos de formas que lhes são exclusivas, mas que apresentam afinidades com as espécies continentais. Por exemplo, 34% das espécies de plantas encontradas nas ilhas Galápagos não estão presentes em nenhum outro lugar. Os tentilhões de Darwin são muito mais variados quanto ao tamanho e à forma do bico do que é comum entre os tentilhões (que normalmente se alimentam de sementes e têm o bico fino e profundo), e estes são claramente adaptados a diferentes modos de obter alimentos (figura 12). Alguns desses hábitos alimentares são muito raros, tais como o do tentilhão terrestre de bico afiado, *Geospiza difficilis*, que bica as extremidades traseiras de aves marinhas aninhadas e bebe seu sangue. O tentilhão pica-pau *Cactospiza pallida* usa espinhos de cactos ou galhos finos para extrair insetos de madeira morta. Exemplos ainda mais impressionantes de evolução desenfreada são encontrados em outros grupos de ilhas oceânicas. Por exemplo, o número de espécies da mosca da fruta *Drosophila* no Havaí excede o encontrado no restante do mundo, e elas são incrivelmente diversas quanto a tamanho do corpo, padrão das asas e hábitos alimentares.

Essas observações podem ser explicadas se os ancestrais colonizadores dessas espécies insulares encontravam-se em ambientes livres de espécies concorrentes estabelecidas. Essa situação permitiria a evolução de traços que adaptariam os colonos a novas formas de vida e possibilitaria a diversificação de uma espécie ancestral em várias espécies descendentes. Apesar das atípicas modificações de estrutura e de comportamento encontradas nos tentilhões de Darwin, os estudos de seu DNA, conforme os métodos descritos nos Capítulos 3 e 6, mostram que essas espécies têm uma origem relativamente recente, há cerca de 2,3 milhões de anos, e têm relações próximas de parentesco com espécies do continente (figura 13).

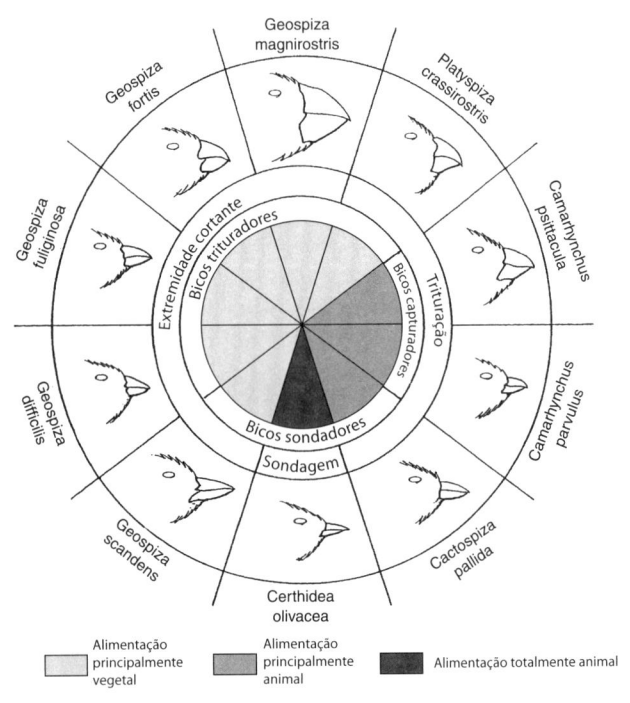

12. Bicos dos tentilhões de Darwin, mostrando as diferenças quanto à forma e ao tamanho entre espécies com diferentes dietas.

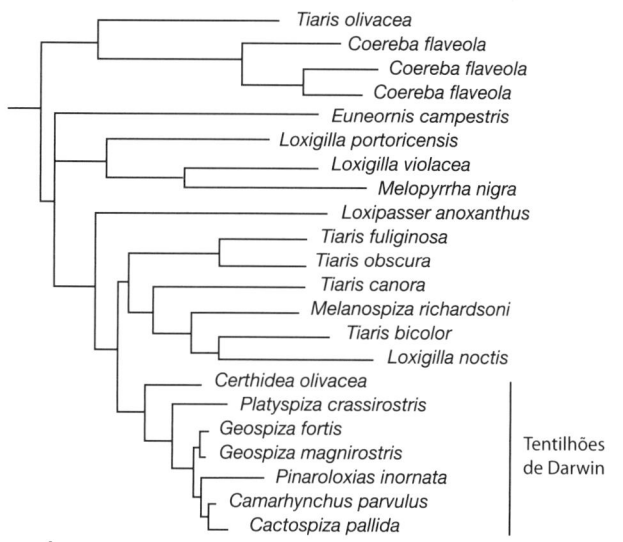

```
              ┌─────────── Tiaris olivacea
              │      ┌──── Coereba flaveola
              │      │  ┌─ Coereba flaveola
              │      └──┤
              │         └─ Coereba flaveola
              ├─────────── Euneornis campestris
              ├─────────── Loxigilla portoricensis
              │    ┌────── Loxigilla violacea
              │    └────── Melopyrrha nigra
              ├─────────── Loxipasser anoxanthus
              │    ┌────── Tiaris fuliginosa
              │    ├────── Tiaris obscura
              │    ├────── Tiaris canora
              │    ├────── Melanospiza richardsoni
              │    ├────── Tiaris bicolor
              │    └────── Loxigilla noctis
              │    ┌────── Certhidea olivacea
              │    ├────── Platyspiza crassirostris     ┐
              │    ├────── Geospiza fortis              │
              │    ├────── Geospiza magnirostris        │ Tentilhões
              │    ├────── Pinaroloxias inornata        │ de Darwin
              │    ├────── Camarhynchus parvulus        │
              │    └────── Cactospiza pallida           ┘
```

13. Árvore filogenética dos tentilhões de Darwin e seus parentes. A árvore é baseada em diferenças nas sequências de DNA de um gene mitocondrial de espécies distintas. Os comprimentos dos ramos horizontais na árvore indicam a quantidade de diferenças entre as espécies (indo de 0,2% entre as espécies mais próximas a 16,5% entre as mais distantes). A árvore mostra que as espécies das Galápagos formam um grupo que claramente tem um ancestral em comum e que todas elas têm sequências similares desse gene, em consonância com o fato de seu ancestral ser bem recente. Já as outras espécies de tentilhão relacionadas diferem muito mais umas das outras.

Conforme observou Darwin ao descrever os habitantes das ilhas Galápagos em *A origem das espécies*:

> Aqui quase todo produto da terra e da água tem a marca inconfundível do continente americano. Há 26 aves terrestres, e 25 delas são classificadas pelo Sr. Gould como espécies distintas, supostamente criadas aqui, mas a grande afinidade da maioria dessas aves com espécies americanas em cada característica, em seus hábitos, gestos e tons de voz, era visível. Assim é também com os outros animais e com prati-

camente todas as plantas, conforme demonstrado pelo Dr. Hooker em seu admirável relato da flora deste arquipélago. O naturalista, observando os habitantes dessas ilhas vulcânicas no Pacífico, distante várias centenas de quilômetros do continente, ainda sente que está pisando em solo americano. Por quê? Por que as espécies que supostamente foram criadas no arquipélago de Galápagos, e em nenhum outro lugar, carregam tão claramente uma marca de afinidade com aquelas criadas na América? Não há nada nas condições de vida, na natureza geológica das ilhas, em sua altitude, em seu clima ou na proporção em que as diferentes classes são agrupadas, que lembre as condições da costa sul-americana; de fato, há uma considerável dissimilaridade em todos esses aspectos.

A teoria da evolução, é claro, fornece a resposta a essas perguntas; as pesquisas sobre a vida na ilha ao longo dos últimos 150 anos confirmaram em grande medida as notáveis descobertas de Darwin.

Capítulo 5

Adaptação e seleção natural

O problema da adaptação

Uma importante tarefa da teoria da evolução é explicar a diversidade de seres vivos na organização hierárquica de semelhança entre eles. No Capítulo 3, enfatizamos as semelhanças entre os diferentes grupos e como elas podem ser explicadas com base na teoria darwiniana de descendência com modificação. O segundo papel essencial da teoria evolutiva é fornecer uma explicação científica para a "adaptação" dos seres vivos: sua aparência de um bom projeto de engenharia e sua diversidade com relação aos diferentes modos de vida. Isso requer o capítulo mais longo deste livro.

Há uma série de exemplos notáveis de adaptação, e mencionaremos apenas alguns para ilustrar a natureza do problema. A diversidade de tipos de olhos é, por si só, impressionante, e ainda assim parece lógica se considerarmos os habitats dos vários animais. Os olhos para enxergar debaixo d'água são diferentes daqueles para enxergar no ar, enquanto os olhos de predadores têm adaptações especiais para driblar a camuflagem da presa, que evoluiu para não ser facilmente vista. Muitos predadores subaquáticos que se alimentam de animais marinhos transparentes têm olhos com sistemas especiais de aumento de contraste, inclusive visão ultravioleta e visão polarizada.

Outras adaptações conhecidas são os ossos pneumáticos das asas das aves, com suportes internos que lembram os das asas de uma aeronave (figura 14), ou a maravilhosa construção das articulações dos animais, cujas superfícies permitem que as partes móveis deslizem suavemente uma sobre a outra.

Muitos outros exemplos são fornecidos pelas adaptações de animais relacionadas com seus diferentes modos de

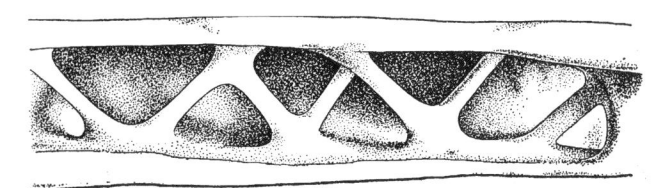

14. Osso pneumático das asas de um abutre, com seus suportes de reforço internos.

se alimentar e pelas adaptações recíprocas dos organismos dos quais eles se alimentam. As borboletas têm a língua comprida para alcançar o interior das flores e sugar o néctar; reciprocamente, as flores têm grande visibilidade para os insetos e se fazem notar por sua fragrância, além de recompensar os visitantes com néctar. As rãs e os camaleões têm línguas compridas que podem se projetar e capturar insetos em sua ponta pegajosa. Muitos animais têm adaptações que os ajudam a escapar de predadores, e o surgimento desses animais depende de onde eles vivem. A cor prateada de muitas espécies de peixes faz com que seja difícil enxergá-los na água, mas poucos animais terrestres têm essa cor. Alguns animais têm coloração críptica que, de forma extraordinária, mimetiza folhas ou galhos, ou ainda outras espécies venenosas ou que picam.

É possível identificar adaptações em vários detalhes da vida de animais, plantas e micróbios, em todos os níveis, até mesmo no maquinário celular e em seus controles (descritos no Capítulo 3). Por exemplo, a divisão celular e os movimentos celulares são impulsionados por minúsculos motores feitos de moléculas de proteína. A revisão do DNA ocorre quando o material genético é copiado durante a produção de uma nova célula, reduzindo em milhares de vezes a frequência de mutações prejudiciais. Os complexos de proteínas na superfície celular selecionam quais substâncias químicas podem entrar e quais devem ficar de fora. Em células nervosas, eles são usados para controlar o fluxo de átomos de metal com carga elétrica na superfície da célula, gerando os sinais elétricos empregados na transmissão de informações pelos nervos. Os padrões de comportamento dos animais são, em essência, resultado dos padrões de atividade de seus nervos e são claramente adaptados a seu modo de vida. Nas aves, por exemplo, os parasitas de ninhos, como os cucos, retiram do ninho os ovos ou filhotes da espécie hospedeira e deixam seus próprios filhotes para que os hospedeiros os criem. Em troca, a espécie hospedeira se adapta, tornando-se mais vigilante. As formigas que cultivam "jardins" de fungos desenvolveram comportamentos como a eliminação de esporos de fungos que contaminam suas folhas em decomposição. Até mesmo a taxa de envelhecimento é adaptada ao habitat do animal ou planta, conforme explicaremos no Capítulo 7.

Antes de Darwin e Wallace, essas adaptações pareciam requerer um Criador. Parecia não haver outra maneira de explicar os detalhes incríveis e a notável perfeição de muitos aspectos dos seres vivos, assim como a complexidade de um relógio não poderia ser uma produção puramente natural. A ausência de uma explicação alternativa foi o principal fundamento do *argumento teleológico* desenvolvido pelos teólogos do século XVIII para "provar" a existência de um Criador, e o termo *adaptação* foi adotado para descrever a observação de que os seres vivos têm estruturas que lhes parecem ser úteis. É importante entender o fato de que descrever tais estruturas como adaptações impõe uma pergunta. Perceber que as adaptações requerem uma explicação foi uma contribuição valiosa para a nossa compreensão da vida.

Não há dúvida de que os animais e as plantas diferem de outras coisas produzidas naturalmente, como as rochas e os minerais. Contudo, o argumento teleológico ignora a possibilidade de que existam processos naturais, além daqueles que produzem minerais, rochas, montanhas e rios, capazes de explicar os seres vivos como produções naturais complexas, sem a necessidade de um Criador. A explicação biológica da origem da adaptação substitui a ideia de um Criador e é central à biologia evolutiva pós-darwiniana. Neste capítulo, descreveremos a teoria moderna da adaptação, bem como suas causas e seus fundamentos biológicos. Ela se baseia na teoria da seleção natural, que delineamos no Capítulo 2.

Seleção artificial e variação hereditária

Uma primeira observação, muito pertinente e enfatizada por Darwin, é a de que os seres humanos são capazes de modificar organismos, produzindo a mesma aparência de projeto que vemos na natureza. Isso é rotineiramente alcançado pela *seleção artificial* ou pelo cruzamento seletivo de animais e plantas com características desejáveis. Mudanças notáveis podem ser produzidas em um intervalo de tempo que é curto na escala do registro fóssil da evolução. Por exemplo, desenvolvemos muitas linhagens diferentes de repolhos, inclusive algumas estranhas, como a couve-flor e o brócolis – mutantes que fazem com que flores monstruosas formem uma grande cabeça –, e algumas como a couve-de-bruxelas, em que o desenvolvimento da folha é anormal (figura 15A). De maneira similar, muitas raças de cães foram criadas por humanos (figura 15B), com diferenças do mesmo tipo que aquelas observadas entre as diferentes espécies na natureza, conforme apontou Darwin. No entanto, embora todas as espécies do gênero *Canis* (inclusive coiotes e chacais) tenham relações próximas de parentesco e possam cruzar entre si, as raças de cães não são domesticações de diferentes espécies de cães selvagens, mas foram produzidas ao longo dos últimos milhares de anos (várias centenas de gerações de cães) por seleção artificial a partir de uma única espécie ancestral, o lobo. As sequências de DNA dos genes de cães são, em essência, um subconjunto das sequências do lobo, mas os coiotes (cujo ancestral, segundo indicam os registros fósseis, separou-se dos ancestrais dos lobos há 1 milhão de anos), em comparação aos cães ou lobos, apresentam três vezes mais diferenças do que aquelas encontradas ao comparar cães e lobos. As diferenças entre cães em sequências do mesmo gene, diferenças que supostamente surgiram depois que eles se separaram dos lobos, podem ser

couve couve-de-bruxelas brócolis couve-rábano repolho couve-flor

**15. A. Algumas das diversas variedades de repolho cultivadas.
B. Diferenças na forma e no tamanho de duas raças de cães.**

usadas para determinar há quanto tempo a separação ocorreu (ver Capítulo 3). A conclusão é que os cães se separaram dos lobos há muito mais tempo do que 14 mil anos, que é a data indicada pelos registros arqueológicos, porém, há não mais de 135 mil anos.

O sucesso da seleção artificial é possível porque existe variação hereditária nas populações e espécies (as diferenças mínimas entre indivíduos normais, descritas no Capítulo 3). Mesmo sem entender nada de hereditariedade, as pessoas cruzavam animais e plantas cujas características elas apreciavam ou consideravam úteis. Após um número suficiente de gerações, esse processo gerou linhagens de animais e espécies de plantas que diferem bastante umas das outras e das formas ancestrais que foram domesticadas no início. Isso demonstra claramente que os indivíduos das espécies domesticadas eram diferentes uns dos outros, e que muitas diferenças podem ser transmitidas dos progenitores à prole, isto é, elas podem ser herdadas. Se as diferenças se devessem apenas ao modo como os animais ou as plantas eram tratados, o cruzamento seletivo e a seleção artificial não teriam nenhum efeito sobre a geração seguinte. A não ser que algumas das diferenças fossem hereditárias, a raça poderia ser aprimorada simplesmente por meio de melhores cuidados.

Todo tipo de característica imaginável pode variar hereditariamente. As diferentes raças de cães diferem, como bem se sabe, não só em aparência e tamanho, mas também em traços mentais, como o caráter e a disposição: alguns tendem a ser amigáveis, ao passo que outros são ferozes e adequados como cães de guarda. Eles diferem em seu interesse por fragrâncias e em sua inclinação por pegar e trazer objetos ou por nadar, como também em sua inteligência. Diferem quanto às doenças a que são suscetíveis, como no conhecido caso dos dálmatas, propensos à gota. Diferem até mesmo quanto ao processo de envelhecimento: algumas raças, como o chiuaua, apresentam surpreendente longevidade (sua expectativa de vida é quase tão longa quanto a dos gatos), enquanto outras, como o dogue alemão, vivem apenas metade disso. Embora todas essas características sejam, é evidente, afetadas por circunstâncias ambientais como bons cuidados e tratamentos, elas são fortemente influenciadas pela hereditariedade.

Diferenças hereditárias similares são conhecidas em muitas outras espécies domesticadas. Para dar outro exemplo, as qualidades de distintas variedades de maçã são diferenças hereditárias. Elas incluem adaptações às diferentes necessidades humanas, como, por exemplo, se são próprias para colheita precoce ou tardia, para comer ou para cozinhar e para os diferentes climas de diferentes países. Assim como no caso dos cães, outros processos evolutivos atuaram sobre as maçãs ao mesmo tempo em que sobre a seleção humana, e nunca se atinge a perfeição para todos os traços desejados. Por exemplo, a *Coxes* é uma maçã particularmente saborosa, mas muito suscetível a doenças.

Tipos de variação hereditária

O sucesso da seleção artificial é um forte indício de que muitos tipos de características diferentes em animais e plantas são hereditários. Há também vários estudos genéticos que mostram a variação hereditária para as características de uma ampla gama de organismos na natureza, inclusive muitas espécies diferentes de animais, plantas, fungos, bactérias e vírus. A variação tem origem em processos bem compreendidos de mutação aleatória nas sequências de genes do DNA, similares àquelas que produzem anomalias genéticas em humanos (Capítulo 3). A maioria das mutações são provavelmente prejudiciais, como as anomalias genéticas observadas em humanos e em animais domésticos, mas às vezes ocorrem mutações vantajosas, que tornam os animais resistentes a certas doenças (como é o caso da evolução da resistência à mixomatose em coelhos). Elas também são responsáveis por um grande problema hoje em dia: a resistência das pragas às substâncias químicas (inclusive a resistência de ratos à warfarina, a de vermes parasitas a vermífugos, a de mosquitos a inseticidas e a de bactérias a antibióticos). Devido à sua importância para o bem-estar dos humanos ou dos animais, muitos casos foram estudados em profundidade.

As diferenças hereditárias também são bem conhecidas em humanos. A variação pode assumir a forma de diferenças "discretas" em certas características, tais como a cor dos olhos e dos cabelos, conforme já mencionado. Estas são variantes controladas por diferenças em genes isolados e não são afetadas por circunstâncias ambientais (ou apenas levemente alteradas, como, por exemplo, quando o cabelo de uma pessoa loira é descolorido pelo sol). Variantes comuns como estas são chamadas de *polimorfismos*. Condições como o daltonismo também são diferenças genéticas simples, mas existem variantes muito mais raras nas populações humanas. Até mesmo as características comportamentais podem ser hereditárias. O fato de colônias de formigas-lava-pés terem uma ou várias rainhas parece ser controlado por uma diferença em um único gene para uma proteína que fixa uma substância química associada ao reconhecimento de outros indivíduos.

A variação "contínua" também é bastante evidente em diversas características nas populações, como, por exemplo, as gradações de altura e peso entre as pessoas. Muitas vezes, esse tipo de variação é marcadamente afetado por fatores ambientais. A altura média cada vez maior de gerações sucessivas durante o século XX, observada em muitos países, não se deve a mudanças genéticas, mas sim a mudanças nas condições de vida, como melhor nutrição e menos doenças sérias durante a infância. No entanto, há também certo grau de determinação genética para tais características nas populações humanas. É isso o que nos revelam os estudos de gêmeos idênticos e não idênticos. Gêmeos não idênticos são irmãos comuns que por acaso são concebidos ao mesmo tempo e diferem tanto quanto quaisquer irmãos, enquanto os gêmeos idênticos provêm de um único óvulo fertilizado que se divide em dois embriões, e são geneticamente idênticos. Para várias características, foram documentadas mais semelhanças entre gêmeos idênticos do que entre não idênticos, o que provavelmente se deve à sua similaridade genética (obviamente, deve-se certificar de que os gêmeos idênticos não sejam tratados de forma mais parecida do que os pares não idênticos – por exemplo, devem-se estudar apenas pares do mesmo sexo de ambos os tipos de gêmeos). Apesar das importantes influências ambientais que, sem dúvida, costumam estar presentes, este e outros tipos de evidência revelam sistematicamente certo grau de fator hereditário para a variação em muitas características, inclusive aspectos da inteligência. A variação hereditária foi documentada em muitos organismos, e para todos os tipos de características. Até mesmo o lugar de um animal na hierarquia de dominância, ou a hierarquia social, pode ser hereditário; isso foi demonstrado em galinhas e em baratas. A quantidade de variabilidade genética contínua pode ser mensurada com base em semelhanças entre parentes de graus diferentes. Isso é útil na reprodução seletiva de animais e plantas de cultivo, permitindo aos criadores prever as características – tais como a produção de leite das vacas – que a prole de diferentes progenitores terá e assim planejar sua procriação.

As diferenças genéticas resumem-se a diferenças nas "letras" do DNA. Estas muitas vezes deixam inalteradas as sequências de aminoácido das proteínas. Quando sequências de DNA do mesmo gene são comparadas entre indivíduos distintos, observam-se diferenças, embora normalmente menos do que quando se comparam espécies distintas (tais comparações foram discutidas no Capítulo 3; ver figura 8). Por exemplo, seria possível comparar cópias do gene para a glicose-6-fosfato desidrogenase, mencionado no Capítulo 3. Talvez não haja nenhuma diferença (e, portanto, nenhuma diversidade). Se alguns indivíduos na população tiverem uma sequência variante do gene, a diferença aparecerá em alguma das comparações. Isso é chamado de polimorfismo molecular. Os geneticistas medem essa diversidade pela fração das letras na sequência de DNA que varia entre indivíduos na população. Na espécie humana, normalmente se constata que menos de 0,1% das letras do DNA diferem quando comparamos a mesma sequência de um dado gene entre pessoas diferentes (quando tal comparação é feita entre um humano e um chimpanzé, geralmente 1% das letras é diferente). A variação é maior em alguns genes e menor em outros e, como se poderia esperar, costuma ser maior nas regiões supostamente menos importantes do genoma, que não codificam proteínas, do que nas partes dos genes que contêm código. Os humanos apresentam muito pouca variabilidade em comparação à maioria das outras espécies. Por exemplo, o polimorfismo do DNA é muito mais comum no milho (mais de 2% das letras de seu DNA são variáveis).

A distribuição da variabilidade em uma espécie pode fornecer informações úteis. Quando se procriam cães para obter características diferentes, surgem raças com características um tanto uniformes. Isso se deve a regras estritas de pedigree, que controlam os acasalamentos e proíbem o "fluxo de genes" entre raças. Uma característica que é desejada em uma raça, tal como pegar e trazer objetos, é bem-desenvolvida apenas nessa raça, e raças separadas tendem a divergir uma da outra. Esse isolamento entre raças não é natural, e cães de raças diferentes tendem a acasalar sem problemas e produzir filhotes saudáveis. Em consequência, grande parte da variabilidade canina é observada entre raças. Muitas espécies naturais vivem em populações diferentes e geograficamente separadas; e, como se poderia esperar, a quantidade de diversidade em tais espécies como um todo é maior do que em uma única população, porque há diferenças entre as populações. Por exemplo, certos grupos sanguíneos são mais comuns em algumas etnias humanas do que em outras (ver Capítulo 6), e o mesmo é válido para muitas outras variantes genéticas. No entanto, nos humanos e em muitas outras espécies na natureza, as diferenças entre populações são mínimas em comparação à diversidade interna de cada população, ao contrário do que se observa com as raças de cães. Isso se deve ao fato de que os humanos movem-se sem restrições entre uma população e outra. Uma importante implicação desses resultados genéticos é que as etnias humanas distinguem-se por uma pequena minoria dos genes em nosso genoma, e a maior parte de nossa composição genética tem uma gama e heterogeneidade de variantes similar em todo o mundo. O aumento da mobilidade no mundo moderno está reduzindo rapidamente as diferenças entre as populações.

Seleção natural e aptidão

Uma ideia fundamental na teoria da evolução em condições naturais é que algumas diferenças em características hereditárias afetam a sobrevivência e a reprodução. Por exemplo, assim como os cavalos de corrida foram selecionados por serem velozes (por meio da reprodução seletiva a partir dos campeões e seus parentes), os antílopes também o foram, mas por meio da seleção natural, porque os indivíduos que procriam e contribuem para o futuro de sua espécie são aqueles que não foram devorados pelos predadores. Darwin e Wallace perceberam que esse tipo de processo poderia explicar a adaptação a situações naturais. Para que possamos modificar animais e plantas por meio da seleção artificial, a característica precisa ter uma base hereditária. Considerando que há diferenças hereditárias, os indivíduos prósperos na natureza também transmitirão seus genes (e, portanto, suas características favoráveis) aos descendentes, os quais, por sua vez, possuirão a característica adaptativa, como, por exemplo, a velocidade.

Para simplificar, e permitir pensar em termos gerais, a palavra *aptidão* costuma ser usada nos textos de biologia para representar a capacidade geral de sobreviver e se reproduzir, sem a necessidade de especificar que características estão envolvidas (assim como usamos o termo "inteligência" para nos referirmos a várias habilidades). Muitos aspectos diferentes dos organismos contribuem para a aptidão. Por exemplo, a velocidade é apenas uma característica que afeta a aptidão dos antílopes. O estado de alerta e a capacidade de detectar predadores também são importantes. No entanto, a mera sobrevivência não é suficiente, e as habilidades reprodutivas, como o cuidado e a alimentação dos filhotes, são igualmente importantes para a aptidão dos animais, enquanto a capacidade de atrair polinizadores é crucial para a aptidão das angiospermas. Assim, a palavra aptidão pode ser usada para descrever a seleção atuando sobre uma ampla gama de traços diferentes. Como ocorre com "inteligência", a generalidade do termo "aptidão" levou a desentendimentos e conflitos.

Para entender quais características tendem a ser importantes para a aptidão de um organismo, deve-se compreender muito bem sua biologia e o ambiente em que ele vive.

A mesma característica pode proporcionar grande aptidão a uma espécie, mas não a outra. Por exemplo, a velocidade não é importante para a aptidão em um lagarto que se esquiva dos predadores por meio da coloração críptica. Se tal lagarto vive em árvores e pendura-se em galhos, é mais importante ser bom em agarrar do que ser rápido, e portanto pernas curtas – e não longas – estarão associadas a uma grande aptidão. A velocidade é adaptativa para os antílopes, mas ficar bem quietos, de modo a não serem detectados pelos predadores, é um modo alternativo pelo qual muitos animais evitam ser devorados. Outros animais evitam predadores assustando-os; por exemplo, algumas borboletas têm ocelos (manchas em forma de olhos) na estampa de suas asas que podem ser exibidos de repente para amedrontar os pássaros. As plantas obviamente não conseguem se mover e usam diferentes meios para evitar serem comidas, inclusive ter gosto ruim ou ser espinhosas. Todas essas características diferentes podem aumentar a sobrevivência e/ou a reprodução dos organismos e, por conseguinte, sua aptidão.

Tendo em vista a variabilidade genética de vários caracteres biológicos e as diferenças ambientais, a seleção natural inevitavelmente está em ação, e a composição genética de populações e espécies tende a mudar com o tempo, conforme descrito no Capítulo 2. As mudanças costumam ser lentas, porque são necessárias muitas gerações para que uma variante genética que é rara se torne o tipo dominante na população. Na reprodução de animais e de plantas, normalmente ocorre uma seleção rigorosa (por exemplo, quando uma doença elimina a maior parte de um rebanho ou de uma plantação), porém as mudanças ainda demoram muitos anos. Estima-se que o milho foi domesticado há cerca de 10 mil anos, mas as atuais espigas de milho gigantes são um desenvolvimento um tanto recente. Apesar da lentidão da mudança evolutiva em termos anuais, a seleção natural pode produzir mudanças rápidas na escala de tempo do registro fóssil. Traços vantajosos com uma frequência inicial muito baixa podem espalhar-se por uma população em menos tempo do que entre camadas sucessivas nos estratos geológicos (que costumam tardar no mínimo vários milhares de anos; ver Capítulo 4).

Embora geralmente não a observemos acontecendo, devido à sua lentidão quanto à escala de tempo de nossa vida, a seleção natural nunca cessa. Até mesmo os humanos continuam evoluindo. Por exemplo, nossa dieta difere da de nossos ancestrais, e nossos dentes podem funcionar muito bem com os alimentos moles dos nossos dias, mesmo que não sejam muito fortes. O alto teor de açúcar de vários alimentos modernos leva à cárie dentária e potencialmente a abscessos que podem ser fatais, mas já não há seleção natural muito pronunciada que favoreça dentes fortes, porque o tratamento dentário pode resolver esses problemas, ou desenvolver dentes falsos. Assim como para outras funções que já não são muito usadas, é possível que ocorram mudanças, e nossos dentes podem, um dia, tornar-se vestigiais. Eles já são menores do que os de nossos parentes próximos, os chimpanzés, e não há nenhum motivo para que não se tornem ainda menores. O excesso de açúcar na dieta também levou a um aumento na frequência de diabetes adquirida no início da vida adulta em populações humanas, com mortalidade para os que padecem da doença. No passado, a diabetes era, em grande medida, restrita a pessoas que haviam passado da idade reprodutiva, mas hoje em dia a doença vem se manifestando em pessoas cada vez mais jovens. Há, portanto, uma nova pressão seletiva, provavelmente intensa, para que nosso metabolismo mude a fim de tolerar nossa dieta modificada. No Capítulo 7, mostraremos como as mudanças na vida humana estão levando à evolução de mais longevidade.

O conceito de aptidão é, muitas vezes, mal compreendido. Quando os biólogos tentam ilustrar os significados desse termo, eles costumam usar exemplos que correspondem a nosso uso cotidiano da palavra aptidão, tais como a velocidade dos antílopes. Há menos risco de confusão se pensarmos em características como os ossos leves dos pássaros, com seu centro oco e seus suportes transversais de reforço (figura 14). A teoria da seleção natural explica tais estruturas visivelmente bem projetadas destacando que, quando o voo estava evoluindo, os indivíduos com ossos mais leves teriam tido mais chances de sobreviver do que os outros. Se seus descendentes herdavam ossos mais leves, com o passar das gerações a característica tornava-se mais representativa na população. Isso é exatamente o mesmo que fazem os criadores ao selecionar por meios artificiais os cães mais rápidos, o que conferiu a todos os galgos pernas longas e finas. Estas são mecanicamente mais eficientes do que as curtas, e as pernas dos galgos lembram muito as dos antílopes e de outros animais velozes, que evoluíram por seleção natural. Podemos descrever perfeitamente bem a seleção natural e a artificial sem usar a palavra aptidão. A seleção natural requer nada mais que certas variantes hereditárias possam ter preferência ao serem transmitidas para as gerações futuras. Em geral, os indivíduos cujos genes diminuem suas chances de sobreviver ou de se reproduzir não transmitirão esses genes na mesma medida que outros indivíduos cujos genes têm mais capacidade de sobrevivência ou reprodução. O termo aptidão é meramente um "atalho" útil para ajudar a expressar sucintamente a ideia de que algumas características às vezes afetam as chances de sobrevivência e/ou reprodução de um organismo, sem ter de especificar uma característica em particular. Também é útil ao elaborar modelos matemáticos acerca do modo como a seleção afeta a composição genética de uma população. As conclusões provenientes desses modelos corroboram, com grande rigor, muitas das afirmações que fazemos neste capítulo, mas não as descreveremos aqui.

Para ilustrar a seleção de uma mutação vantajosa, consideremos a corrida armamentista entre humanos e ratos, em que tentamos desenvolver venenos para os ratos, e os ratos desenvolvem resistência. O veneno warfarina mata ratos porque impede a coagulação sanguínea. Ele se fixa a uma enzima necessária ao metabolismo da vitamina K, que é importante para a coagulação sanguínea e para várias outras funções. Os ratos resistentes costumavam ser raros, porque seu metabolismo da vitamina K é modificado, limitando o crescimento e a sobrevivência. Em outras palavras, a resistência tem um *custo*. Entretanto, nas fazendas e cidades em que a warfarina é usada, somente os animais resistentes são capazes de sobreviver, e há uma intensa seleção natural, apesar do custo. Desse modo, a versão resistente do gene espalhou-se, alcançando uma alta frequência na população de ratos, embora o custo a impeça de se disseminar para todos os membros da espécie. Porém, o que tem ocorrido recentemente é a evolução de um novo tipo de resistência que parece estar livre do custo e que pode inclusive ser vantajosa (na ausência de veneno). Há, portanto, evolução continuada em resposta a uma mudança no ambiente dos ratos.

A variabilidade e a seleção são propriedades gerais de muitos sistemas, e não só de organismos individuais. Certos componentes do material genético são mantidos, não porque eles tornam os organismos mais aptos, mas porque são capazes de se multiplicar no próprio material genético, assim como os parasitas no corpo do hospedeiro. Acredita-se que 50% do DNA humano entre nessa categoria. Outra situação importante em que a seleção natural promove a mudança evolutiva em um organismo ocorre no câncer. Esta é uma doença em que uma célula e suas descendentes desenvolvem um comportamento egoísta e se multiplicam sem se importar com o resto do corpo. A doença é muitas vezes causada por uma mutação que aumenta as taxas de mutação de outros genes (por exemplo, devido a uma falha no sistema de revisão descrito no Capítulo 3, que verifica as sequências de DNA e evita as mutações). Quando as mutações ocorrem a uma frequência alta, algumas delas podem afetar as taxas de divisão celular, surgindo uma linhagem que se reproduz rapidamente. Com o passar do tempo, mais células descenderão daquelas células que contêm mutações em outros genes que conferem crescimento cada vez mais rápido, e por isso o câncer tende a se tornar mais agressivo. As células cancerígenas também se tornam resistentes a drogas que suprimem o seu crescimento. Assim como a conhecida situação dos vírus

HIV resistentes a drogas, que evoluem em um paciente com AIDS, as células cancerígenas cujas mutações lhes permitem escapar da supressão medicamentosa superam em número os tipos de célula iniciais e levam ao fracasso da remissão do câncer. É por isso que normalmente se torna inútil reiniciar o tratamento farmacológico depois de cessada uma remissão.

No outro extremo, pode haver diferentes taxas de extinção de espécies com conjuntos de características diferentes, ou seja, pode haver seleção no nível das espécies. Por exemplo, espécies com corpo grande, que tendem a ter populações pequenas e baixo índice de reprodução, são mais vulneráveis à extinção do que espécies de corpo pequeno (ver Capítulo 4). Em contrapartida, a seleção entre indivíduos da mesma espécie costuma favorecer aqueles que têm corpo maior, provavelmente porque estes são os mais exitosos na competição por comida ou por parceiros. A gama de tamanhos de corpo que observamos em um grupo de espécies relacionadas pode refletir o resultado líquido de ambos os tipos de seleção. Entretanto, é provável que a seleção de indivíduos da mesma espécie seja o fator mais importante, já que produz a variação de tamanhos de corpo e acontece muito mais rapidamente do que a seleção no nível das espécies.

A seleção também é importante em contextos não biológicos. Ao projetar máquinas e programas de computador, verificou-se que um modo bastante eficiente de encontrar o projeto ideal é fazer pequenas mudanças sucessivas e aleatórias ao projeto, mantendo versões que exercem bem a função e descartando outras. Isso tem sido cada vez mais usado para resolver problemas difíceis em projetos para sistemas complexos. Nesse processo, o engenheiro não tem um projeto em mente, mas apenas a função desejada.

Adaptações e história evolutiva

A teoria da evolução por seleção natural explica as características dos organismos em consequência da acumulação sucessiva de mudanças, cada uma das quais os torna mais aptos à sobrevivência ou à reprodução. Quais mudanças são possíveis é algo que depende do estado preexistente do organismo: as mutações só podem modificar o desenvolvimento de um animal ou planta dentro de certos limites, que são estipulados pelos programas de desenvolvimento inerentes que levam ao organismo adulto. Os resultados da seleção artificial, tal como praticada por criadores de plantas e de animais, demonstram que é relativamente fácil mudar o tamanho e a forma de partes do corpo, ou produzir mudanças notáveis em características superficiais como a coloração externa, como ocorre com diferentes raças de cães. Mudanças radicais podem facilmente ser produzidas por mutações, e os geneticistas experimentais não têm dificuldade em criar linhagens de ratos ou de moscas da fruta que diferem muito mais das formas normais do que as espécies na natureza diferem uma da outra. É possível, por exemplo, produzir moscas com quatro asas, em lugar das duas normais. Essas grandes mudanças, porém, muitas vezes perturbam seriamente o desenvolvimento normal, reduzindo a sobrevivência e a fertilidade; portanto, é improvável que sejam favorecidas pela seleção natural. Elas tendem até mesmo a ser evitadas pelos criadores de plantas e de animais (embora mutações desse tipo tenham sido usadas para desenvolver raças raras de pombos e de cães, em que a saúde dos animais não tem tanta importância quanto para os fazendeiros).

Por essa razão, supomos que a evolução tende a proceder por meio de ajustes um tanto pequenos ao que veio antes, e não por meio de saltos repentinos para estados radicalmente novos. Isso é ainda mais óbvio para traços complexos que dependem do ajuste mútuo de muitos componentes distintos, tais como o olho (que discutiremos em mais detalhe no Capítulo 7); se um componente sofre uma mudança drástica, talvez não funcione bem em combinação com as outras partes que permanecem inalteradas. Quando surgem novas adaptações, elas normalmente são versões modificadas de estruturas preexistentes e, no início, não são as soluções ideais de projeto de engenharia funcional. A seleção natu-

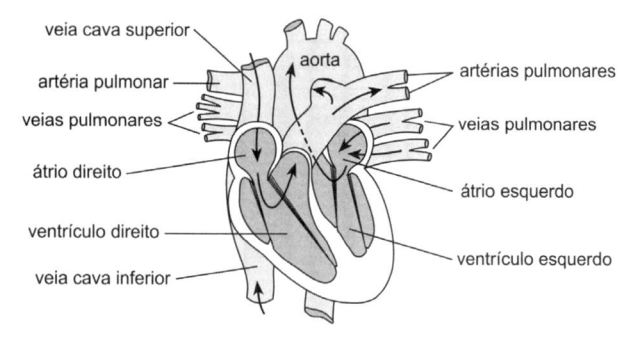

Figura do coração com as seguintes legendas:
- veia cava superior
- aorta
- artéria pulmonar
- artérias pulmonares
- veias pulmonares
- veias pulmonares
- átrio direito
- átrio esquerdo
- ventrículo direito
- ventrículo esquerdo
- veia cava inferior

⟶ Direção do fluxo sanguíneo pelo coração

16. A estrutura extremamente complexa do coração de um mamífero e seus vasos sanguíneos. Observe que a artéria pulmonar (que leva sangue aos pulmões) curva-se desajeitadamente para trás da aorta (que leva sangue ao resto do corpo) e da veia cava superior (que traz o sangue da cabeça de volta ao coração).

ral lembra um engenheiro que, para aprimorar um maquinário, tenta consertá-lo e modificá-lo, em vez de sentar e criar um projeto totalmente novo. As chaves de fenda modernas podem ser adequadas a um trabalho preciso, com uma variedade de cabeças específicas para diferentes propósitos, mas os ancestrais evolutivos dos parafusos eram torneiras rosqueadas grosseiramente e giradas por uma estaca através de um orifício em uma extremidade.

Embora muitas vezes fiquemos impressionados com a precisão e a eficiência das adaptações dos seres vivos, há muitos exemplos de reparos, denunciados por características que só fazem sentido se considerarmos sua origem histórica. Os pintores representam anjos com asas nos ombros, permitindo que eles continuem a usar os braços. Porém, no mundo real, as asas de todas as espécies de vertebrados voadores ou planadores são membros anteriores modificados, de modo que em pterodátilos, aves e morcegos os membros anteriores deixaram de ser usados para a maior parte de suas funções originais. De maneira similar, o projeto do coração e do sistema circulatório de um mamífero tem características estranhas que refletem um histórico de modificações gradativas de um sistema que originalmente funcionava para bombear sangue do coração para as brânquias de um peixe e então para o resto do corpo (figura 16). O desenvolvimento embrionário do sistema circulatório revela claramente seus antecedentes evolutivos.

Em algumas ocasiões, soluções similares para um problema funcional surgiram de forma independente em diferentes grupos, resultando em adaptações muito parecidas que, no entanto, se observadas em detalhe, diferem consideravelmente devido a seus históricos distintos, como no caso das asas de pássaros e de morcegos. Portanto, embora a similaridade de diferentes organismos geralmente se deva ao fato de eles serem parentes próximos (como nós e os macacos), organismos com relações distantes de parentesco vivendo em circunstâncias similares podem, às vezes, parecer mais similares do que seres próximos. Quando as similaridades e as diferenças morfológicas são enganosas, as verdadeiras relações evolutivas podem ser descobertas com base nas similaridades e diferenças de sequências de DNA, conforme explicado no Capítulo 3. Por exemplo, várias espécies de golfinhos de água doce surgiram em grandes rios em diferentes partes do mundo. Eles têm em comum algumas características que os diferenciam dos golfinhos oceânicos, em particular os olhos menores, porque vivem em águas turvas e guiam-se mais pela ecolocalização do que pela visão. As comparações de sequências de DNA mostram que uma espécie de golfinho de água doce é mais próxima da espécie marítima de sua região do que de golfinhos de água doce de outros lugares. Parece lógico que ambientes similares levem a adaptações similares.

Apesar das semelhanças, a seleção natural difere dos processos dos projetos humanos em muitos aspectos. Uma diferença é que a evolução não tem a capacidade de prever o futuro: os organismos evoluem em resposta a condições ambientais predominantes em determinado momento, e isto pode resultar em características que os levam à extinção quando as condições mudam radicalmente. Conforme mostraremos mais adiante neste capítulo, a competição sexual entre machos pode levar a estruturas que reduzem de maneira drástica sua capacidade de sobrevivência; é bem possível que, em alguns casos, uma mudança ambiental desfavorável possa diminuir ainda mais a capacidade de sobrevivência, a tal ponto que a espécie não seria capaz de se manter, conforme se sugeriu acerca do extinto cervo gigante, com seus chifres enormes. Os organismos perenes geralmente desenvolvem fertilidade muito baixa; é o caso das grandes aves de rapina, tais como os condores, que só produzem uma prole a cada dois anos (abordaremos essa questão no Capítulo 7). Tais populações serão bem-sucedidas se o ambiente for favorável e se a mortalidade anual de adultos em idade reprodutiva for baixa. No entanto, se o ambiente se deteriorar e a mortalidade aumentar – por exemplo, devido a interferências humanas –, ocorrerá um rápido declínio no número de indivíduos da população. Isso está acontecendo com muitas espécies atualmente e causou a extinção até mesmo de espécies que um dia foram abundantes. Por exemplo, o pombo-passageiro dos Estados Unidos, que se reproduzia com pouca frequência, foi caçado até a extinção no século XIX, mesmo com uma população original de dezenas de milhões. Espécies que evoluem para ocupar um tipo extremamente especializado de habitat também estão vulneráveis à extinção quando o habitat desaparece devido a mudanças ambientais; por exemplo, os pandas na China estão sob ameaça porque eles se reproduzem devagar e dependem de um tipo de bambu encontrado em certas regiões montanhosas, que hoje está sendo derrubado.

Além disso, a seleção natural não necessariamente produz adaptação perfeita. Em primeiro lugar, pode não haver tempo para consertar todos os aspectos de uma peça do maquinário biológico para que ela esteja em seu melhor estado funcional. Isso tende a ser particularmente verdadeiro quando as pressões por seleção resultam de interações entre duas espécies, tais como um hospedeiro e um parasita. Por exemplo, uma melhoria na capacidade do hospedeiro de resistir à infecção aumenta a pressão da seleção para que o parasita supere a resistência, forçando o hospedeiro a desenvolver novas formas de resistência, e assim por diante, de modo que ocorra uma "corrida armamentista evolutiva". Em tais situações, nenhuma das partes pode permanecer perfeitamente adaptada por muito tempo. Apesar da incrível capacidade de nosso sistema imunológico para combater infecções bacterianas e virais, continuamos vulneráveis a novas linhagens de vírus da gripe e de resfriado. Em segundo lugar, o aspecto da seleção como uma sucessão de reparos, modificando o que veio antes, limita o que a seleção pode alcançar, conforme já explicamos. Parece absurdo, de um ponto de vista teleológico, que os nervos que transportam as informações das células fotossensíveis do olho do vertebrado estejam na frente, e não atrás, das células fotossensíveis da retina, mas isso se deve ao modo como essa parte do olho se desenvolveu, como um desdobramento do sistema nervoso central (o olho do polvo lembra o dos mamíferos, mas tem uma configuração melhor, com as células fotossensíveis na frente dos nervos). Em terceiro lugar, uma melhoria em certo aspecto do funcionamento de um sistema pode ter um custo para alguma outra função, conforme mencionado com relação à resistência à warfarina. Isso pode evitar uma adaptação melhorada. Apresentaremos outros exemplos posteriormente neste capítulo e no Capítulo 7 ao discutir o envelhecimento.

Detectando a seleção natural

Darwin e Wallace afirmaram que a seleção natural é a causa da evolução adaptativa sem conhecer exemplos de seleção operando na natureza. Nos últimos cinquenta anos, muitos casos de seleção natural foram detectados em ação e estudados em profundidade, corroborando imensuravelmente as evidências de seu papel fundamental na evolução. Só temos espaço para alguns poucos exemplos. Um tipo muito importante de seleção natural atuando hoje está fazendo com que certas bactérias se tornem cada vez mais resistentes a antibióticos. Este é um exemplo de mudança evolutiva que é bastante estudado, porque ameaça nossa vida, ocorre rápido e (infelizmente) com grande frequência. No dia em que escrevemos este texto, as manchetes no jornal versaram sobre o *Staphylococcus* resistente à meticilina na Enfermaria Real de Edimburgo. Quando um antibiótico é usado de forma disseminada, logo são encontradas bactérias resistentes a ele. Os antibióticos começaram a ser usados em grande quantidade nos anos 1940, e em seguida os microbiólogos demonstraram inquietações acerca da resistência. Em 1955, um artigo no *American Journal of Medicine*, dirigido a médicos, afirmava que o uso indiscriminado de antibióticos: "corre o risco de selecionar linhagens resistentes". Em 1966 (quando as pessoas não haviam mudado seu comportamento), outro microbiólogo escreveu: "não há forma de gerar suficiente preocupação para que seja possível atacar a resistência a antibióticos?".

A rápida evolução da resistência a antibióticos não é nenhuma surpresa, visto que as bactérias multiplicam-se rapidamente e estão presentes em enormes quantidades; sendo assim, é praticamente certo que uma mutação que possa tornar uma célula resistente ocorrerá em algumas bactérias de dada população. Se as bactérias forem capazes de sobreviver à mudança de suas funções celulares causada pela mutação e de se multiplicar, pode-se transformar uma população resistente em um curto intervalo de tempo. Alguém poderia ter a esperança de que a resistência fosse custosa para as bactérias, como no início ocorreu com a resistência à warfarina em ratos, mas, tal como no caso dos ratos, não podemos confiar que isso continue sendo válido por muito tempo. Mais cedo ou mais tarde, as bactérias evoluem e sobrevivem na presença de antibióticos, sem custos significativos para si mesmas. Nossa única chance é, portanto, usar antibióticos com moderação, restringindo seu uso a situações em que eles são realmente necessários e assegurando que todas as bactérias infecciosas sejam eliminadas depressa, antes que tenham tempo de desenvolver resistência. Se alguém interrompe o tratamento enquanto algumas bactérias continuam presentes, sua população inevitavelmente incluirá algumas bactérias resistentes, que podem então se espalhar para outra pessoa. Também é possível que a resistência a antibióticos se dissemine entre as bactérias, mesmo de espécies diferentes. Os antibióticos usados no tratamento de animais domésticos, para manter as infecções sob controle e promover o crescimento, podem fazer com que a resistência passe a patógenos humanos. Contudo, nem mesmo essas consequências são todo o problema. As bactérias que apresentam mutações que as tornam resistentes não são típicas de sua população, mas às vezes apresentam taxas de mutação mais elevadas do que a média, o que lhes permite responder ainda mais rápido à seleção.

A resistência a fármacos e a pesticidas surge sempre que se usam essas drogas para matar parasitas ou pragas, e literalmente centenas de casos foram estudados em micróbios, plantas e animais. Até mesmo o vírus HIV sofre mutação em pacientes aidéticos tratados com medicamentos e desenvolve resistência, de modo que o tratamento acaba fracassando. Para tentar evitar isso, geralmente se usam duas drogas em vez de uma. Como as mutações são raras, é improvável que a população de vírus em um paciente adquira muito depressa ambas as mutações que lhes tornam resistentes, mas com o tempo isso acaba ocorrendo.

Esses exemplos ilustram a seleção natural, porém, assim como a seleção artificial, eles estão associados a situações em que o ambiente está mudando em consequência da intervenção humana. Muitas outras atividades humanas estão provocando mudanças evolutivas nos organismos. Por exemplo, ao que parece, matar elefantes por causa do marfim levou a um aumento na frequência de elefantes que não têm os incisivos superiores. No passado, estes eram raros e anormais. Hoje, com a caça intensiva, esses animais têm mais chances de sobreviver e de se reproduzir; em consequência disso, estão tornando-se mais frequentes nas populações de elefantes. As borboletas papilionídeas com asas pequenas, que têm capacidade limitada de voar, estão sendo selecionadas em habitats naturais fragmentados, supostamente porque é mais provável que os indivíduos que não voam longe permaneçam em áreas apropriadas do habitat. Nós, humanos, também selecionamos plantas anuais, com rápida produção de sementes, quando removemos as ervas daninhas dos jardins ou das plantações. Em espécies como a gramínea *Poa annua*, existem indivíduos que se desenvolvem mais devagar e podem viver dois anos ou mais, mas eles estão em clara desvantagem em um regime intensivo de capinação. Esses exemplos mostram não só quão usual e rápida pode ser a mudança evolutiva, como também que tudo o que fazemos pode afetar a evolução das espécies associadas aos seres humanos. Com as pessoas se espalhando por todo o planeta, a tendência é que poucas espécies mantenham-se intactas.

Os biólogos também estudaram muitos casos de seleção que são totalmente naturais, não relacionados com a degradação ou a alteração do habitat provocada pelos humanos. Um dos melhores é o estudo de duas espécies dos tentilhões de Darwin – o tentilhão terrestre e o tentilhão dos cactos –, realizado ao longo de trinta anos na ilha Dafne e nas ilhas Galápagos por Peter e Rosemary Grant (ver Capítulo 4). Essas espécies diferem uma da outra quanto ao tamanho e à forma do bico, mas em cada espécie há uma variação considerável para ambas as características. Durante o estudo, a equipe de Grant sistematicamente identificou e mediu cada pássaro nascido na ilha, tendo identificado os filhotes de todas as fêmeas. Os pesquisadores acompanharam a sobrevivência desses pássaros do nascimento à morte e a relacionaram com as medições de tamanho e forma das partes do corpo. Os estudos de genealogia mostraram que a variação nas características do bico tem um componente genético decisivo, de modo que a prole assemelha-se aos progenitores. Os estudos dos hábitos alimentares dos pássaros na natureza indicam que o tamanho e a forma do bico afetam a eficiência com que os pássaros lidam com diferentes tipos de semente: os pássaros de bico grande e profundo têm mais facilidade para lidar com sementes grandes do que aqueles que têm bico pequeno e raso, enquanto o oposto é válido para sementes pequenas. As Ilhas Galápagos estão sujeitas a episódios de seca rigorosa, associados ao fenômeno El Niño, os quais afetam a abundância de diferentes tipos de alimento. Em um ano de seca, a maioria das plantas alimentícias é incapaz de produzir sementes, com exceção de uma espécie que produz sementes muito grandes. Isso significa que os pássaros com bico grande e profundo têm muito mais chances de sobreviver do que os outros, conforme se inferiu dos censos populacionais: após um episódio de seca, os adultos sobreviventes em ambas as espécies tinham bicos maiores e mais profundos do que os da população antes da seca. Além disso, seus descendentes herdavam essas características; assim, a mudança rumo à seleção, causada pela seca, induziu a uma mudança genética na composição da população – uma verdadeira mudança evolutiva. A magnitude dessa mudança corresponde ao que se havia previsto com base na relação observada entre mortalidade e características do bico, levando-se em consideração o grau de semelhança entre os progenitores e a progênie. Quando as condições normais foram restauradas, as relações entre características do bico e sobrevivência mudaram de tal forma que um bico grande e profundo deixou de ser vantajoso, e a população evoluiu de volta ao estado anterior. No entanto, mesmo em anos não acometidos pela seca também houve pequenas alterações no ambiente que resultaram em mudanças na relação entre aptidão e características do bico, havendo oscilações constantes nas características do bico durante os trinta anos estudados. O resultado é que as populações de ambas as espécies acabaram tornando-se significativamente distintas do que eram no início.

Outro bom exemplo é o modo como as flores se adaptam a seus insetos e a outros animais polinizadores. Para uma planta acasalar com outras de sua própria espécie, os polinizadores precisam ser atraídos para visitar suas flores e ser recompensados por fazê-lo (com néctar ou com excesso de pólen que eles possam comer). Isso garante que visitem outras plantas da mesma espécie. Tanto a planta quanto o animal envolvidos nessa interação evoluem a fim de obter para si o melhor que puderem. Para uma orquídea, por exemplo, é importante que uma mariposa polinizadora sonde profundamente as flores a fim de que a massa de pólen (chamada de polínia) fique firmemente aderida à cabeça da mariposa que a visita. Assim, a polínia estabelecerá um bom contato com a parte adequada da flor que a mariposa visitará em seguida, de modo que se acoplará corretamente e o pólen fertilizará a flor. A necessidade de manter o néctar quase fora do alcance da língua da mariposa leva à seleção natural quanto ao comprimento do tubo nectário e, portanto, as flores cujo tubo nectário tem um comprimento fora do padrão apresentam menor fertilidade. As flores com tubo mais curto tendem a permitir que a mariposa lhes sugue o néctar sem coletar ou depositar a polínia, enquanto as flores cujo tubo é demasiado longo tendem a desperdiçar néctar, como as caixinhas de suco cujos canudos são invariavelmente curtos demais para que se possa tomar todo o suco. Na indústria dos sucos em caixinha, o desperdício beneficia os vendedores de suco, possibilitando que eles vendam em maior quantidade, mas as plantas desperdiçam energia, água e nutrientes ao produzir néctar que é inútil, e estes recursos seriam usados de forma mais proveitosa.

Em uma espécie sul-africana de *Gladiolus*, que produz apenas uma flor por planta, os indivíduos com tubos mais longos produziam frutos com muito mais frequência do que aqueles com tubos regulares e também tinham mais sementes por fruto do que a média. Os tubos dessa espécie têm, em média, 9,3 centímetros, e a língua da mariposa esfingídea que as visita tem entre 3,5 e 13 centímetros. As mariposas que não tinham nenhum pólen na língua eram as que tinham a língua mais comprida. Em outra espécie de esfingídea na mesma localidade, que não poliniza essa espécie de *Gladiolus*, o comprimento médio da língua é menos de 4,5 centímetros. Isso mostra como a seleção leva as flores e as mariposas a se adaptarem uma à outra, chegando a extremos em alguns casos. Algumas orquídeas de Madagascar têm flores cujo tubo nectário tem 30 centímetros de comprimento, e a língua de suas polinizadoras tem cerca de 25 centímetros. Nessas espécies, a seleção do comprimento foi demonstrada por experimentos em que as esporas contendo néctar foram atadas para encurtá-las, o que fez com que as orquídeas tivessem menos sucesso em conseguir que as mariposas coletassem a polínia.

Um tipo similar de seleção e contrasseleção afeta nossa própria espécie com relação aos parasitas. Várias adaptações humanas à malária foram estudadas em profundidade, e é evidente que desenvolvemos uma série de defesas diferentes, inclusive mudanças em nossas hemácias, nas quais os parasitas da malária passam parte de seu complexo ciclo de vida. Assim como a resistência à warfarina em ratos, as defesas por vezes têm custos. A anemia falciforme, uma doença que costuma ser fatal na ausência de tratamento médico, está associada a uma hemoglobina modificada (a principal proteína presente nos glóbulos vermelhos, responsável por transportar oxigênio pelo corpo). A forma modificada (hemoglobina S) é uma variante do gene que codifica a hemoglobina A, comum em adultos, e as duas versões diferem em uma única letra do DNA. Os indivíduos cujos genes para essa proteína são ambos do tipo S padecem de anemia falciforme; seus glóbulos vermelhos tornam-se disformes e entopem vasos sanguíneos minúsculos. As pessoas com uma hemoglobina normal A e uma versão S do gene não são afetadas, tendo o benefício de maior resistência à malária em comparação às pessoas com dois genes para hemoglobina A. A doença sofrida pelas pessoas com dois genes S é, portanto, um custo da resistência à malária e impede que a forma S se espalhe para toda a população, mesmo em áreas com um índice elevado de infecção por malária. As variantes da enzima glicose-6-fosfato desidrogenase, que também ajudam a proteger contra a malária (ver Capítulo 3), igualmente têm um custo, ao menos quando as pessoas com essas variantes consomem certos alimentos ou drogas, causando danos a seus glóbulos vermelhos, ao passo que a versão não resistente da enzima evita isso. No entanto, a resistência à malária com custo zero ou mínimo parece ser possível. O tipo sanguíneo Duffy-, outra característica das hemácias, é comum em grande parte da África, e as pessoas desse grupo são muito menos suscetíveis a certo tipo de malária do que as que apresentam o tipo alternativo Duffy+.

A resistência à malária ilustra uma descoberta elementar: podem ocorrer diferentes respostas a uma única pressão seletiva, nesse caso uma doença grave. Algumas das soluções ao problema imposto pela malária são melhores do que outras, porque há menos custos para as pessoas afetadas. De fato, há muitas outras variantes genéticas que conferem resistência à malária encontradas em diferentes populações humanas, e em grande medida parece ser uma casualidade que determinado tipo de mutação se estabeleça em uma certa localidade por meio da seleção.

Os exemplos que acabamos de discutir ilustram as respostas da seleção a mudanças no ambiente de seres humanos, animais e plantas. Talvez surja uma doença que submeta a população a uma seleção de modo que os indivíduos resistentes evoluam. Ou talvez uma mariposa desenvolva uma língua mais longa e seja capaz de obter néctar de flores sem coletar o pólen, levando as flores a desenvolver nectários mais longos. Nesses exemplos, a seleção natural modifica os organismos, tal como Darwin previu na citação de 1858 que mencionamos no Capítulo 2. A seleção natural, porém, muitas vezes atua para evitar mudanças. No Capítulo 3, quando descrevemos o maquinário celular de proteínas e enzimas, dissemos que ocorrem mutações que podem corromper essas funções. Mesmo em um ambiente constante, a seleção atua a cada geração para combater genes mutantes (que codificam proteínas mutantes ou que se expressam no lugar ou no momento errado, ou ainda em quantidade errada). Novos indivíduos com mutações surgem a cada geração, mas os não mutantes tendem a deixar mais descendentes e, portanto, seus genes continuam sendo os mais comuns, enquanto as versões mutantes se mantêm pouco frequentes na população. Esta é a seleção *estabilizadora* ou *purificadora*, que mantém tudo em funcionamento na medida do possível. Um exemplo é o gene que codifica uma das proteínas associadas à coagulação sanguínea. Algumas mudanças na sequência da proteína resultam em incapacidade de coagulação após um corte (hemofilia). Até pouco tempo atrás, quando as causas da hemofilia foram compreendidas e tornou-se possível ajudar os hemofílicos com injeções de proteínas com fator de coagulação, essa doença costumava ser letal ou reduzir drasticamente a sobrevivência. Milhares de variantes genéticas de baixa frequência com tais efeitos nocivos, afetando toda característica concebível, foram descritas pelos médicos geneticistas.

A seleção estabilizadora ocorre quando o ambiente permanece relativamente constante, de modo que a seleção ocorrida no passado tenha tido tempo de ajustar determinado traço ao estado que lhe confere grande aptidão. Pode ser detectada atuando hoje em dia em características continuamente variáveis. Um exemplo bastante estudado é o peso dos seres humanos ao nascer. Ainda hoje, quando poucos bebês morrem, aqueles bebês com peso intermediário são os que têm mais chance de sobreviver. O baixo índice de mortalidade infantil atinge principalmente bebês muito pequenos e alguns muito grandes. A seleção estabilizadora também foi observada em espécies animais, como pássaros e insetos, depois de fortes tempestades, quando os indivíduos sobreviventes tendem a ser de tamanho intermediário, enquanto os menores e os maiores normalmente não sobrevivem. Até mesmo pequenos desvios de um ideal podem diminuir a sobrevivência ou a fertilidade. É compreensível, portanto, que a adaptação dos organismos a seu ambiente seja impressionante. Conforme explicamos no Capítulo 3, parece que até mesmo o mínimo detalhe tem importância. Com frequência, a seleção quase alcança a perfeição, tal como o modo extraordinariamente preciso com que as borboletas crípticas assemelham-se a folhas ou as lagartas assemelham-se a galhos. A seleção estabilizadora também explica a observação de que as espécies muitas vezes apresentam pouca mudança evolutiva; conquanto o ambiente não imponha novos desafios, a seleção tende a manter as coisas como estão. Assim, é possível compreender a morfologia estável de alguns organismos no decorrer de longos períodos evolutivos, tais como os chamados *fósseis vivos* cujos membros modernos lembram fósseis com relação de parentesco distante.

Seleção sexual

A seleção natural é a única explicação para a adaptação que resistiu aos testes empíricos. No entanto, a seleção não necessariamente aumenta a sobrevivência ou o número de descendentes de uma população como um todo. Quando há competição, os traços que conferem vantagem na competição por um recurso limitado podem reduzir a sobrevivência de todos. Se o tipo mais exitoso de indivíduo torna-se comum em uma população, a probabilidade de sobrevivência dessa população pode diminuir. Os exemplos de consequências inadequadas de competição não se restringem a situações biológicas. O caráter invasivo e o frequente mau gosto da publicidade são bastante conhecidos.

Um dos melhores exemplos biológicos de competição é a seleção atuando na capacidade dos machos de obter parceiras para acasalar. Em muitas espécies animais, nem todos os machos férteis deixam descendentes, mas apenas aqueles que têm sucesso no galanteio e/ou em competições com outros machos. Às vezes, somente os machos "dominantes" são aceitos pelas fêmeas. Até mesmo entre as moscas da fruta o macho precisa cortejar a fêmea – com danças, melodias (produzidas por seu bater de asas) e fragrâncias – antes de poder acasalar. O sucesso não é garantido (o que não é nenhuma surpresa, já que as fêmeas devem ser seletivas e evitar aceitar machos da espécie errada). Em muitos mamíferos, tais como os leões, há hierarquias sociais na capacidade

17. O resultado da seleção sexual, conforme ilustrado em *A origem do homem e a seleção sexual*, de Darwin. A figura apresenta um macho e uma fêmea da mesma espécie de ave-do-paraíso, mostrando a ornamentação do macho e a falta de adorno da fêmea.

de obter acasalamentos, e as fêmeas são seletivas, de modo que os machos diferem quanto ao seu sucesso reprodutivo. A seleção natural, portanto, tende a favorecer as características associadas à dominância dos machos na hierarquia ou à sua atratividade perante as fêmeas. Os cerdos machos têm chifres grandes, que são usados em lutas entre machos, e algumas espécies têm outros meios de intimidação, como um rugido sonoro.

Se essas características forem hereditárias (o que, conforme já vimos, costuma ser o caso), os machos com as características que os tornam mais exitosos no acasalamento passarão seus genes a muitos descendentes, ao passo que os outros machos tenderão a ter menos filhotes.

Ambos os sexos podem desenvolver características por essa *seleção sexual*, e ela provavelmente explica a plumagem brilhante de muitas aves. Contudo, em muitas espécies, essas características estão restritas aos machos (figura 17), o que indica que elas não são, por si mesmas, adaptações vantajosas ao ambiente da espécie. Muitas dessas características masculinas certamente não parecem propensas a ajudar a sobrevivência e com frequência incorrem em custos devido à menor sobrevivência dos machos que as possuem. O pavão macho, com sua cauda enorme e bonita, é um voador inepto e provavelmente seria mais capaz de escapar dos predadores se tivesse uma cauda menor. Os pavões são uma espécie inconveniente para os estudos experimentais da aerodinâmica do voo, mas as caudas de andorinhas mostraram-se mais compridas do que o ideal para o voo, embora os machos com cauda mais longa sejam preferidos pelas fêmeas. Até mesmo características menos espetaculares de cortejo masculino costumam trazer mais riscos. Por exemplo, algumas espécies de rãs tropicais são capturadas por morcegos que detectam os machos cantando suas melodias de galanteio. Mesmo sem esses perigos, os machos galanteadores normalmente fazem grandes esforços, que poderiam ser dedicados a outra atividade – por exemplo, a procurar comida –, e estão em péssima forma física ao final da época de acasalamento.

Percebendo isso, Darwin considerou que a seleção no contexto do galanteio é diferente da maioria das outras situações e criou o termo específico de seleção sexual para salientar essa diferença. Conforme acabamos de afirmar, é improvável que a cauda dos pavões macho seja adaptativa, não só por razões *a priori* (tais caudas não parecem ser úteis para um animal voador), como também porque, se elas *fossem* úteis, as fêmeas igualmente deveriam tê-las. Portanto, parece que, no caso dos pavões – uma espécie em que o acasalamento competitivo é importante –, a seleção compensou a capacidade reduzida de voar com maiores chances de acasalamento. Assim, a seleção sexual, mais uma vez, mostra que a palavra aptidão, tal como usada na biologia, significa algo diferente do uso cotidiano da palavra. Um pavão macho fisicamente limitado por sua cauda não é "apto" no sentido de ser um bom voador ou corredor (embora ele possa ser incapaz de produzir uma bela cauda se não for saudável e bem nutrido), mas na estenografia da biologia evolutiva ele tem grande aptidão; se ele não tivesse uma cauda grande, as fêmeas acasalariam com outros machos e sua fertilidade seria baixa.

Capítulo 6
Formação e divergência das espécies

Um dos fatos mais conhecidos da biologia é a divisão das formas de vida em espécies reconhecidamente distintas. Até mesmo a observação mais casual dos pássaros que habitam uma cidade do noroeste da Europa, por exemplo, revela a presença de várias espécies: pintarroxo, melro-preto, tordo-comum, tordoveia, chapim-azul, chapim-real, pombo, pardal, tentilhão, estorninho, e assim por diante. Cada espécie tem seu próprio tamanho e forma do corpo, bem como coloração da plumagem, melodia e hábitos alimentares e de nidificação característicos. Uma variedade de espécies de pássaros diferente, mas muito similar, pode ser encontrada no leste da América do Norte. Os machos e as fêmeas de cada espécie só acasalam entre si, e obviamente a prole pertence à mesma espécie que os progenitores. Em determinada localidade geográfica, quase sempre é possível atribuir animais e plantas sexuados a grupos distintos (embora a observação cuidadosa às vezes revele a existência de espécies com diferenças anatômicas mínimas). Espécies diferentes que coexistem na mesma localidade permanecem distintas porque não cruzam entre si. Para a maioria dos biólogos, essa ausência de cruzamento (*isolamento reprodutivo*) é o melhor critério para definir espécies distintas. A situação torna-se mais complexa com organismos que não se reproduzem regularmente por acasalamentos sexuais, como muitos tipos de micróbios, que discutiremos mais tarde.

A natureza das diferenças entre as espécies

Embora, tal como a força da gravidade, a divisão dos seres vivos em espécies nos seja tão familiar que a tomemos por certa, não necessariamente precisaria ser assim. É fácil imaginar um mundo sem diferenças nítidas; no caso dos pássaros, poderia haver seres que combinassem as características, por exemplo, de pintarroxos e melros em diferentes proporções e nos quais um acasalamento entre determinado par de progenitores resultaria em descendentes com combinações de características muito distintas. Se não houvesse barreiras à procriação entre membros de espécies diferentes, a diversidade da vida que observamos no mundo poderia não existir, e haveria algo se aproximando de uma sequência contínua de formas. De fato, quando, por uma ou outra razão, as barreiras à reprodução entre espécies antes separadas são transpostas, os descendentes tendem a apresentar características extremamente variadas.

Um problema fundamental para os evolucionistas é, então, explicar como as espécies vêm a ser distintas e por que ocorre o isolamento reprodutivo. Este é o principal tema deste capítulo. Antes de nos dedicarmos a ele, descreveremos algumas formas pelas quais duas espécies próximas são impedidas de procriar. Às vezes, a principal barreira é uma diferença simples nos hábitos ou na época de reprodução da espécie. Entre as plantas, por exemplo, em geral há um breve período de floração a cada ano, e as espécies cujas épocas de floração não coincidem serão obviamente incapazes de acasalar uma com a outra. Entre os animais, o uso de locais diferentes para a procriação pode impedir que indivíduos de espécies distintas acasalem entre si. Além disso, certas características sutis dos organismos, que só podem ser descobertas por estudos detalhados da história natural da espécie, muitas vezes impedem que indivíduos de espécies diferentes sejam capazes de acasalar um com o outro, ainda que eles se reúnam no mesmo lugar e ao mesmo tempo. Por exemplo, pode haver uma indisposição para cortejar indivíduos da outra espécie, porque eles não produzem o tipo adequado de cheiro ou som, ou porque suas demonstrações de galanteio são diferentes. As barreiras comportamentais ao acasalamento são evidentes em vários animais, e as plantas têm meios químicos de detectar o pólen da espécie errada e rejeitá-lo. Mesmo quando o acasalamento ocorre, o espermatozoide da espécie errada pode não conseguir fertilizar os óvulos da fêmea.

Algumas espécies, no entanto, têm relações de parentesco suficientemente próximas para que possam acasalar, sobretudo se não tiverem a possibilidade de escolher um membro de sua própria espécie (por exemplo, cães, coiotes e chacais, mencionados no Capítulo 5). Contudo, em muitas dessas situações, os híbridos da primeira geração não conseguem desenvolver-se; os cruzamentos experimentais entre indivíduos pertencentes a espécies distintas geralmente produzem híbridos que morrem em um estágio precoce do desenvolvimento, ao passo que a maioria dos descendentes de cruzamentos entre indivíduos da mesma espécie chegam à maturidade. Às vezes, os indivíduos híbridos conseguem sobreviver, mas a uma frequência muito menor do que os que não são híbridos. Mesmo quando os híbridos são viáveis, eles costumam ser estéreis e não produzem nenhum descendente que transmitiria seus genes às gerações futuras; as mulas (que são híbridos produzidos por cruzamentos entre jumentos e cavalos) são um exemplo conhecido. A completa inviabilidade ou esterilidade dos híbridos obviamente isola as duas espécies.

O surgimento de barreiras ao cruzamento entre espécies

Embora esses diversos meios de evitar o cruzamento entre espécies sejam familiares, entender como eles surgiram é um quebra-cabeças. Conforme apontou Darwin no Capítulo 9 de *A origem das espécies*, é absolutamente improvável que a inviabilidade ou a infertilidade dos híbridos provenientes do cruzamento entre espécies seja produto direto da seleção natural; um indivíduo não pode ter nenhuma vantagem em produzir descendentes inviáveis ou estéreis ao cruzar com uma espécie diferente. É claro que seria vantajoso evitar o acasalamento com membros de outra espécie nos casos em que os descendentes híbridos são inviáveis ou estéreis, mas é difícil conceber uma vantagem nos casos em que os híbridos sobrevivem perfeitamente bem. Portanto, parece provável que a maioria das barreiras ao cruzamento entre espécies sejam subprodutos de mudanças evolutivas ocorridas depois que as populações se tornaram isoladas umas das outras por estarem separadas geograficamente ou ecologicamente.

Por exemplo, imagine uma espécie de tentilhão de Darwin vivendo em uma das ilhas Galápagos. Suponha que um pequeno número de indivíduos consiga voar de uma ilha a outra, antes não ocupada por essa espécie, e seja capaz de estabelecer uma nova população. Se tais episódios migratórios forem muito raros, a população nova e a ancestral evoluirão independentemente uma da outra. Submetida aos processos de mutação, seleção natural e deriva genética, a composição genética das duas populações divergirá. Essas mudanças serão promovidas pelas diferenças nos ambientes em que vivem tais populações, aos quais elas se tornam adaptadas. Por exemplo, as plantas alimentícias disponíveis para uma espécie de pássaro que se alimenta de sementes diferem de uma ilha para outra, e até mesmo membros da mesma espécie de tentilhão diferem quanto ao tamanho do bico de maneiras que refletem as diferenças na oferta de alimentos.

A tendência de populações da mesma espécie a diferir de acordo com a sua localização geográfica, muitas vezes de formas que são claramente adaptativas, é chamada de *variação geográfica*. Exemplos óbvios na espécie humana são as numerosas pequenas diferenças físicas entre as etnias, assim como as diferenças locais ainda menores em características como estatura e pigmentação da pele. Tal variabilidade é encontrada em muitas outras espécies de animais e plantas com grande variação geográfica. Em uma espécie que consiste de um conjunto de populações locais, costuma haver certa migração de indivíduos entre as distintas localidades. A quantidade de migração varia consideravelmente de um organismo para outro: as lesmas têm taxas de migração muito baixas, ao passo que organismos como os pássaros e os insetos voadores são extremamente migratórios. Quando indivíduos migrantes conseguem procriar com membros da população de destino, eles aportam sua composição genética para essa população. A migração é, portanto, uma força homogeneizadora, opondo-se à tendência das populações locais a divergir geneticamente por seleção ou deriva genética (ver Capítulo 2). As populações de uma espécie tendem a divergir mais ou menos umas das outras, dependendo da quantidade de migração e das forças evolutivas que promovem diferenças entre as populações locais. A seleção rigorosa pode levar à divergência até mesmo de populações adjacentes. Por exemplo, a mineração de chumbo ou de cobre contamina o solo com esses metais, que são muito tóxicos para a maioria das plantas, mas surgiram formas tolerantes ao metal em terrenos poluídos nos arredores de muitas minas. Na ausência dos metais, as plantas tolerantes crescem pouco. Por isso, elas são encontradas somente nas minas ou muito perto delas, e há uma nítida transição para indivíduos intolerantes nas fronteiras.

Em casos menos extremos, surgem mudanças geográficas gradativas em certas características porque a migração torna menos nítidas as diferenças causadas pela seleção, que varia geograficamente em resposta a mudanças nas condições ambientais. Muitas espécies de mamíferos que vivem na zona temperada do hemisfério setentrional têm corpo maior no norte. O tamanho médio do corpo muda de maneira mais ou menos contínua de norte a sul, o que provavelmente indica que, em climas mais frios – onde a perda de calor é um problema –, a seleção favorece uma proporção menor entre superfície e volume. Por razões similares, as populações do norte também tendem a ter orelhas e membros mais curtos do que as populações do sul.

As diferenças entre populações da mesma espécie separadas por fatores geográficos não necessariamente requerem tipos diferentes de seleção. A mesma seleção pode, às vezes, levar a respostas distintas. Por exemplo, conforme descrevemos no Capítulo 5, as populações humanas em regiões sujeitas a infecções por malária têm diferentes mutações genéticas que as tornam resistentes à doença. Há múltiplas vias moleculares para a resistência. Várias mutações que podem causar resistência tendem a ocorrer ao acaso em diferentes lugares, e em grande medida é o acaso que define qual mutação predomina em determinada população. Também podem surgir diferenças entre populações da mesma espécie, ainda que não haja seleção alguma, em consequência do processo aleatório de deriva genética já mencionado. Em várias espécies, normalmente há diferenças genéticas acentuadas entre populações distintas inclusive para variantes nas sequências de proteína ou de DNA que não têm efeito algum em traços visíveis, e a população humana não é exceção. Mesmo na Grã-Bretanha, há diferenças na frequência de indivíduos com os grupos sanguíneos A, B e O, que são determinados por formas variantes de um único gene. O grupo sanguíneo O é mais frequente na Escócia e no norte do País de Gales do que no sul da Inglaterra, por exemplo. Em áreas mais amplas, há diferenças maiores na frequência dos grupos sanguíneos. O grupo sanguíneo B apresenta frequência de mais de 30% em algumas partes da Índia, mas praticamente não é encontrado entre os nativos norte-americanos.

Há muitos outros exemplos de variação geográfica. Apesar das visíveis diferenças entre as principais etnias, os seres humanos não têm barreiras biológicas à reprodução entre populações ou grupos étnicos diferentes. Em algumas espécies, porém, as populações situadas nos extremos da faixa de distribuição da espécie parecem tão distintas que poderiam ser consideradas espécies separadas, não fosse pelo fato de que elas estão conectadas por um conjunto de populações intermediárias que cruzam entre si. Há inclusive casos em que as populações em extremidades opostas da faixa de distribuição de uma espécie divergiram tanto que não são capazes de procriar entre si; se as populações intermediárias fossem extintas, elas constituiriam espécies diferentes.

Isso ilustra um aspecto importante: de acordo com a teoria da evolução, deve haver estágios intermediários no desenvolvimento do isolamento reprodutivo, e devemos observar ao menos alguns casos em que é difícil dizer se determinado par de populações relacionadas pertence à mesma espécie ou a espécies diferentes. Embora isso seja inconveniente quando nosso objetivo é colocar as coisas em categorias predefinidas, é um resultado previsível da evolução e observável no mundo natural. Há muitos exemplos conhecidos de etapas intermediárias na evolução da completa incapacidade de procriação entre populações separadas em regiões geográficas distintas. Um exemplo particularmente bem estudado é a espécie americana de mosca da fruta, a *Drosophila pseudo-obscura*. Ela vive na costa oeste da América Central e do Norte, de forma mais ou menos contínua do Canadá à Guatemala, mas há também uma população isolada que vive perto de Bogotá, na Colômbia. As moscas da população de Bogotá parecem idênticas às de outras populações da espécie, mas sua sequência de DNA é um pouco distinta. Uma vez que a acumulação de diferenças na sequência requer muito tempo, a população de Bogotá provavelmente foi fundada por algumas moscas migrantes há cerca de 200 mil anos. No laboratório, as moscas de Bogotá são capazes de acasalar com moscas *Drosophila pseudo-obscura* de outras populações; as fêmeas híbridas da primeira geração são plenamente férteis, mas os machos híbridos descendentes de fêmeas de outras populações que não a de Bogotá são estéreis. Não se observam casos de esterilidade nos machos híbridos provenientes do cruzamento entre populações muito diferentes do restante da faixa de distribuição da espécie. Se as moscas da população principal fossem introduzidas em Bogotá, elas supostamente procriariam sem restrições com as moscas locais e, tendo em vista que as fêmeas híbridas são férteis, o cruzamento continuaria a cada geração. Sendo assim, a peculiaridade da população de Bogotá deve-se unicamente ao isolamento geográfico. Não há, portanto, nenhum motivo contundente para considerá-la uma espécie separada, ainda que esteja começando a desenvolver isolamento reprodutivo, conforme indica a esterilidade dos machos híbridos.

É relativamente simples entender por que populações da mesma espécie que vivem em lugares diferentes podem vir a divergir com relação a características que as adaptam a diferenças no ambiente, como no exemplo do tentilhão das ilhas Galápagos. Por que razão isso leva ao isolamento reprodutivo é menos óbvio. Este pode, às vezes, ser consequência direta das adaptações a ambientes distintos. Por exemplo, duas espécies de mímulos, *Mimulus lewisii* e *Mimulus cardinalis*, crescem nas montanhas do noroeste dos Estados Unidos. Assim como a maioria dos mímulos, o *M. lewisii* é polinizado por abelhas, e suas flores apresentam várias adaptações para esse tipo de polinização (ver tabela abaixo). Algo pouco usual para um mímulo, o *M. cardinalis* é polinizado por esses pássaros, e suas flores diferem em várias características que promovem a polinização por beija-flores. O *M. cardinalis*, então, provavelmente evoluiu de um ancestral polinizado por abelhas, de aparência similar ao *M. lewisii*, por um processo de modificação dessas características da flor.

Características das flores das duas espécies de *Mimulus*

Espécie	*M. lewisii*	*M. cardinalis*
Polinizador	abelha	beija-flor
Tamanho da flor	pequeno	grande
Forma da flor	larga, com "plataforma de aterrissagem"	estreita, tubular
Cor da flor	rosa	vermelha
Néctar	quantidade moderada, alta concentração de açúcar	quantidade abundante, baixa concentração de açúcar

As duas espécies de mímulo podem ser cruzadas em laboratório, e os híbridos são saudáveis e férteis, porém na natureza as espécies crescem lado a lado sem se misturar. Ao observar os hábitos dos polinizadores na natureza, vemos que, após visitar o *M. lewisii*, as abelhas raramente visitam o *M. cardinalis*, enquanto um beija-flor que visitou o *M. cardinalis* raramente visita uma planta de *M. lewisii*. Para descobrir como os polinizadores reagiriam a plantas com flores de características intermediárias, uma segunda geração de população híbrida, produzida artificialmente e com uma ampla gama de combinações de características de ambos os progenitores, foi inserida na natureza. A característica que mais promoveu o isolamento foi a cor da flor: o vermelho afastava as abelhas e atraía os beija-flores. Outras características afetavam a um dos dois polinizadores. Um volume maior de néctar por flor aumentava as visitas de beija-flores, ao passo que as flores com pétalas maiores eram visitadas com mais frequência pelas abelhas. As formas intermediárias entre as duas espécies tinham probabilidades medianas de ser polinizadas por abelhas ou por beija-flores e, por conseguinte, graus intermediários de isolamento com relação à espécie progenitora. Nesse exemplo, as mudanças promovidas pela seleção natural conforme evoluía a polinização por beija-flores levaram a população de *M. cardinalis* a se tornar reprodutivamente isolada de uma população relacionada de *M. lewisii*.

Ainda que, na maioria dos casos, não saibamos o que provocou a divergência entre espécies próximas e seu consequente isolamento reprodutivo, a origem de tal isolamento entre duas populações separadas em regiões geográficas distintas não é particularmente uma surpresa quando houve mudanças evolutivas independentes nas duas populações. Cada alteração na composição genética de uma população deve ser favorecida pela seleção naquela população, ou então deve ter um efeito tão insignificante sobre a aptidão que pode ser disseminada pela deriva genética (discutida no Capítulo 2 e no final deste capítulo). Se uma variante está se espalhando em uma população porque, de alguma maneira, favorece a adaptação da população ao meio local, a disseminação dessa variante não será impedida por algum efeito nocivo quando combinada, nos híbridos, com genes de uma população distinta com a qual aquela população nunca se encontra naturalmente. Não existe seleção com o fim de manter a compatibilidade dos hábitos de acasalamento entre indivíduos de populações separadas por barreiras geográficas ou ecológicas, ou de manter interações harmoniosas que permitam o desenvolvimento normal entre genes que passaram a divergir em populações diferentes. Assim como outras características que não estão sujeitas à seleção para que sejam mantidas (como os olhos dos animais cavernícolas), a capacidade de cruzar entre si diminui com o tempo.

Havendo suficiente divergência evolutiva, o completo isolamento reprodutivo parece inevitável. Isso não é mais surpreendente do que o fato de que os modelos de plugues elétricos da Grã-Bretanha não funcionam nas tomadas da Europa continental, embora cada tipo de plugue funcione perfeitamente em sua própria tomada. Nas máquinas projetadas por humanos em que a compatibilidade é desejável, são necessários esforços constantes para preservá-la, como, por exemplo, no caso dos softwares desenvolvidos para PC e para Macintosh. As análises genéticas dos cruzamentos entre espécies mostram que espécies diferentes de fato contêm conjuntos diferentes de genes que são disfuncionais quando reunidos em híbridos. Conforme já mencionado, no cruzamento entre muitas espécies de animais, os machos híbridos da primeira geração são estéreis, ao passo que as fêmeas são férteis. Então, as fêmeas híbridas férteis podem cruzar com qualquer uma das espécies progenitoras. Ao testar a fertilidade dos machos provenientes de tais cruzamentos, podemos estudar a base genética da esterilidade do macho híbrido. Esse tipo de estudo tem sido realizado usando-se espécies de *Drosophila*: os resultados demonstram claramente que a esterilidade dos híbridos é produzida por interações entre genes diferentes das duas espécies. No caso das populações de *D. pseudo-obscura* do continente e de Bogotá, por exemplo, cerca de quinze genes distintos que diferem entre as duas populações parecem estar associados à esterilidade de machos híbridos.

O tempo necessário para que se produzam diferenças suficientes entre duas populações a fim de que elas se tornem incapazes de cruzar entre si varia consideravelmente. No exemplo da *Drosophila pseudo-obscura*, em 200 mil anos (mais de 1 milhão de gerações) só se produziu um isolamento incompleto. Em outros casos, há indícios de uma evolução muito rápida de barreiras ao cruzamento, como é o caso da espécie de peixe da família dos ciclídeos no lago Victoria. Aqui, há mais de quinhentas espécies que, ao que parece, derivaram de uma única espécie ancestral, mas os indícios geológicos mostram que o lago só existe há 14,6 mil anos. O isolamento entre essas espécies parece ser devido, em grande parte, a diferenças na coloração e no comportamento, e as espécies apresentam pouca diferenciação em suas sequências de DNA. Parece ter levado cerca de mil anos, em média, para que uma nova espécie desse grupo fosse produzida, mas outros grupos de peixes no mesmo lago não deram origem a novas espécies com tanta rapidez; na maioria dos casos, várias dezenas de milhares de anos são necessárias para a formação de uma nova espécie.

Quando duas populações relacionadas tornam-se completamente isoladas por uma ou mais barreiras à reprodução, seus destinos evolutivos serão para sempre independentes e tenderão a divergir com o passar do tempo. Uma causa importante para tal divergência é a seleção natural: espécies próximas costumam diferir em muitas características estruturais e comportamentais que as adaptam a seus diferentes modos de vida, conforme já descrevemos com relação aos tentilhões das ilhas Galápagos. Às vezes, porém, há poucas diferenças nítidas entre espécies relacionadas. Este é, com frequência, o caso dos insetos; por exemplo, as espécies *Drosophila simulans* e *Drosophila mauritiana* têm estruturas corporais bastante similares e diferem externamente apenas na estrutura da genitália masculina. No entanto, elas constituem espécies verdadeiras e são muito relutantes em acasalar uma com a outra. De modo similar, recentemente se descobriu que o morcego *Pipistrellus*, comum na Europa, é dividido em duas espécies distintas. Elas não cruzam entre si na natureza, diferindo com relação ao uivo e também às suas sequências de DNA. Em contrapartida, há muitos exemplos de diferença acentuada entre populações da mesma espécie, sem que haja nenhuma barreira à reprodução.

Esses exemplos indicam que não há absolutamente nenhuma relação entre as diferenças em características facilmente observáveis e o grau de isolamento reprodutivo entre duas populações. Tampouco o grau de diferença entre duas espécies tem relação direta com o tempo desde que elas se tornaram reprodutivamente isoladas. Isso é ilustrado pelas diferenças marcantes entre espécies insulares como os tentilhões das Galápagos, que evoluíram rapidamente em comparação à quantidade de tempo que separa espécies relacionadas de pássaros sul-americanos, muitos dos quais diferem bem menos (ver figura 13, Capítulo 4). De modo similar, no registro fóssil, há muitos exemplos de linhagens que demonstram pouca ou nenhuma mudança ao longo de milhares ou milhões de anos, seguidas de transições abruptas para novas formas, normalmente identificadas pelos paleontólogos como espécies novas.

Os modelos teóricos, bem como os experimentos em laboratório, mostram que a seleção intensa pode produzir mudanças profundas em uma característica após cem gerações ou menos (ver Capítulo 5). Por exemplo, uma população da mosca da fruta *Drosophila melanogaster* foi selecionada artificialmente para favorecer um aumento no número de cerdas no abdome das moscas. Em oitenta gerações, a seleção triplicou o número médio de cerdas. Isso é praticamente igual ao aumento no tamanho médio do crânio entre nossos primeiros ancestrais simiiformes e nós, seres humanos, o que tardou cerca de 4 milhões de anos (em torno de 200 mil gerações). Em contrapartida, os traços não tendem a mudar muito, pois uma espécie que vive em um ambiente estável teve tempo de se adaptar a ele. Em geral, é possível identificar, com base no registro fóssil, se uma evolução "repentina" observada indica a origem de uma nova espécie (que não é capaz de procriar com a espécie progenitora), ou se simplesmente está associada a uma única linhagem, evoluindo em resposta a mudanças ambientais. Em qualquer um dos casos, não há nenhum mistério na rápida mudança em termos geológicos.

Finalmente, o que significa espécie quando há reprodução assexuada, que ocorre em muitos organismos unicelulares como as bactérias? Aqui, o critério da reprodução não faz sentido. Nesses casos, para os propósitos de classificação, os cientistas usam apenas medições arbitrárias de similaridade, baseadas em caracteres biológicos de importância prática (como a composição de paredes celulares bacterianas) ou, cada vez mais, em diferenças nas sequências de DNA. Indivíduos suficientemente similares, que são agrupados com relação às características consideradas, são classificados como pertencentes à mesma espécie, enquanto outros grupos de indivíduos que formam um grupo distinto são classificados em uma espécie diferente.

Evolução molecular e divergência entre as espécies

Tendo em vista a relação errática entre o tempo desde a separação de duas espécies e sua divergência em características morfológicas, cada vez mais os biólogos estão utilizando informações provenientes das sequências de DNA de diferentes espécies para fazer inferências sobre suas relações.

Assim como ocorre ao comparar grafias da mesma palavra em línguas diferentes, mas relacionadas, podemos encontrar similaridades e diferenças nas sequências dos mesmos genes em diferentes espécies. Por exemplo, *house* em inglês, *haus* em alemão, *huis* em holandês e *huis* em dinamarquês, todas têm o mesmo significado (casa) e são pronunciadas de modo semelhante. Há dois tipos de diferenças entre essas palavras. Em primeiro lugar, há mudanças de letras em determinada posição, como na substituição de *a* por *o* na segunda posição entre o inglês e o alemão. Em segundo lugar, há inserção e exclusão de letras; o final *e* em inglês está ausente nas outras línguas, enquanto o dinamarquês carece do *a* presente na segunda posição da grafia alemã. Sem mais informações sobre as relações históricas entre as línguas, é difícil ter certeza quanto à direção dessas mudanças, embora o fato de que só o inglês tenha um final *e* seja um forte indício de que esta é uma adição tardia, e o fato de que *hus* é a versão mais curta insinue que uma vogal foi perdida na versão dinamarquesa. Tendo em vista tais comparações de uma grande amostra de palavras, as diferenças entre os vários idiomas podem ser usadas para medir seu grau de parentesco e costumam ser proporcionais ao tempo em que esses idiomas vêm divergindo. O inglês americano separou-se do inglês britânico há apenas duzentos anos, mas vem divergindo de forma notável, inclusive com o desenvolvimento de diferentes versões locais. O alemão e o holandês divergiram mais; o francês e o italiano mais ainda.

O mesmo princípio pode ser aplicado para as sequências de DNA. Nesse caso, as mudanças devido a inserções e exclusões de letras individuais no DNA são raras nas porções de genes que codificam proteínas, já que estas comumente têm efeitos significativos sobre a sequência de aminoácidos na proteína e a tornariam não funcional. Entre espécies com relações próximas de parentesco, a maioria das mudanças nas sequências codificadoras dos genes consiste em alterações isoladas de letras individuais na sequência do DNA, tais como a troca de G por A. Um exemplo é fornecido na figura 8, que ilustra sequências de porções do gene receptor do hormônio estimulador de melanócitos em humanos, chimpanzés, cães, ratos e porcos.

Comparando o número de letras no DNA pelo qual sequências do mesmo gene diferem entre dois organismos distintos, é possível quantificar precisamente seu grau de divergência, algo difícil de fazer com similaridades e diferenças morfológicas. Conhecendo o código genético, podemos ver quais das diferenças alteram a sequência de proteína correspondente ao gene em questão (mudanças *pontuais* ou *substituições*) e quais não alteram (mudanças *silenciosas*). Por exemplo, nas sequências do receptor de hormônio estimulador de melanócitos, uma simples contagem das diferenças entre as sequências de humanos e de chimpanzés na figura 8 revela quatro diferenças nas 120 letras do DNA apresentadas. Para todas as sequências das diferentes espécies (omitindo uma pequena região com algumas inserções e exclusões de letras do DNA), o número de diferenças com relação à sequência humana é apresentado na tabela a seguir.

Humano *versus*	Mesmo aminoácido (mudança *silenciosa*)	Aminoácido diferente
Chimpanzé	17	9
Cão	134	53
Rato	169	63
Porco	107	56

Um estudo recente mostrou que a divergência em 53 sequências de DNA não codificador comparadas entre humanos e chimpanzés variou entre 0 e 2,6% do total de letras e apresentou uma média de apenas 1,24% (1,62% entre humanos e gorilas). Essas estimativas explicam por que hoje se aceita que os chimpanzés, e não os gorilas, são nossos parentes mais próximos. As diferenças são muito maiores quando os humanos são comparados com orangotangos e maiores ainda quando comparados com babuínos. Ao comparar mamíferos com relações de parentesco mais distantes, tais como carnívoros e roedores, encontramos muito mais diferenças no nível sequencial do que ao comparar primatas diferentes; os mamíferos diferem muito mais dos pássaros do que uns dos outros, e assim por diante. Os padrões de relação revelados pelas comparações de sequências estão de pleno acordo com o que se espera com base na época em que os principais grupos de animais e plantas aparecem no registro fóssil, conforme previsto pela teoria da evolução.

A tabela de diferenças em sequências mostra que as mudanças silenciosas são muito mais comuns do que as substituições, embora até mesmo as mudanças silenciosas sejam raras entre espécies com grau de parentesco mais próximo, como os chimpanzés e os humanos. A interpretação óbvia é que a maioria das mudanças na sequência de aminoácidos de uma proteína prejudica em certa medida sua função. Conforme descrevemos no Capítulo 5, o menor efeito prejudicial causado por uma mutação fará com que a seleção a elimine rapidamente da população. Portanto, a maior parte das mutações que alteram sequências de proteínas jamais contribui para as diferenças evolutivas nas sequências de genes que se acumulam entre as espécies. Contudo, também há indícios cada vez mais concretos de que a evolução de algumas sequências de aminoácidos é impulsionada pela seleção que atua sobre mutações favoráveis ocasionais, de modo que ocorre a adaptação molecular (ver Capítulo 5).

Ao contrário dos efeitos muitas vezes nocivos das mutações que alteram aminoácidos, as mudanças silenciosas nas sequências de genes tendem a exercer pouco ou nenhum efeito sobre as funções biológicas. Faz sentido, então, que a maioria das divergências nas sequências de genes entre espécies sejam mudanças silenciosas. Porém, quando uma nova mutação silenciosa aparece em uma população, é apenas uma única cópia de milhares ou milhões de cópias do gene em questão (duas em cada indivíduo na população). Como tal mutação se espalha pela população se não confere vantagem seletiva aos indivíduos que a apresentam? A resposta é que ocorrem mudanças aleatórias na frequência de variantes alternativas (deriva genética) em populações finitas, um conceito que apresentamos sucintamente no Capítulo 2.

Esse processo funciona da seguinte maneira. Vamos supor que estejamos estudando uma população da mosca da fruta *Drosophila melanogaster*. Para que a população se mantenha, cada adulto deve contribuir para a geração seguinte com dois descendentes em média. Suponhamos que a população varie quanto à cor dos olhos, com alguns indivíduos carregando um gene mutante que faz com que seus olhos sejam de cor vermelha brilhante, enquanto a versão não mutante desses gene torna os olhos de todas as outras moscas da cor normal, ou seja, vermelha opaca. Se os indivíduos com ambos os tipos de gene tiverem, em média, o mesmo número de descendentes, não haverá seleção sobre a cor dos olhos; a seleção é considerada *neutra* quanto a seu efeito. Devido a essa neutralidade quanto à seleção, os genes da geração seguinte serão herdados aleatoriamente da geração progenitora (figura 18). Alguns indivíduos podem não ter descendentes, e pode acontecer de outros, por acaso, terem

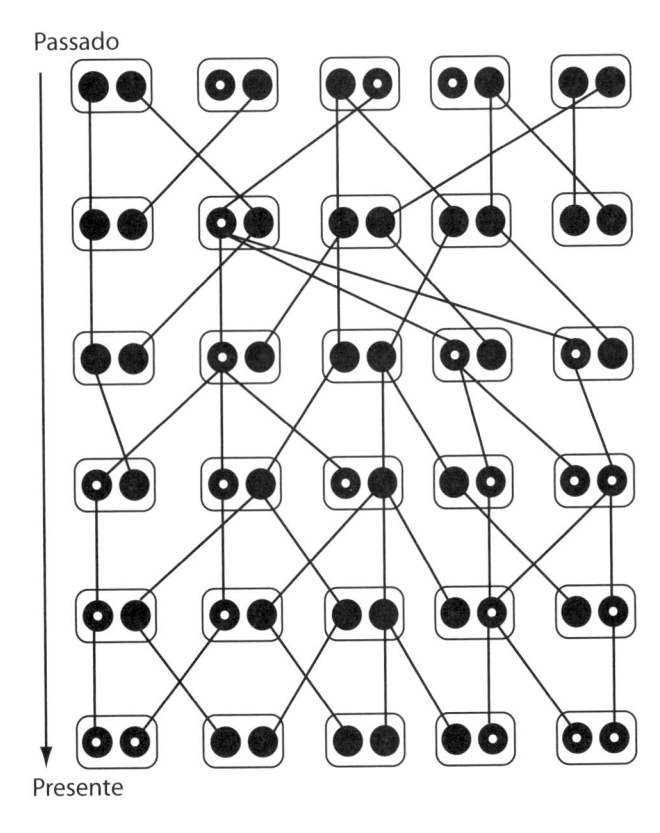

mais do que a média de dois descendentes. Isso significa que a frequência do gene mutante na geração progênie não será a mesma que nos progenitores, pois é muito improvável que indivíduos com e sem o gene mutante tenham exatamente o mesmo número de descendentes. Com o passar das gerações, haverá, assim, contínuas oscilações aleatórias na composição da população, até que mais cedo ou mais tarde todos os membros da população terão o gene para olhos vermelhos brilhantes, ou então esse gene terá desaparecido da população e todos terão a versão alternativa do gene. Em uma população pequena, a deriva genética é rápida, e não

18. **Deriva genética.** Processo de deriva genética de um único gene ao longo de seis gerações em uma população de cinco indivíduos. Cada indivíduo (simbolizado por uma figura retangular) tem duas cópias do gene, uma de cada progenitor. As diferentes sequências de DNA das cópias dos genes dos indivíduos não são mostradas em detalhe, mas são simbolizadas por discos negros com ou sem um centro branco. Os discos com centro branco correspondem ao gene variante que determina olhos de cor vermelha brilhante, enquanto os discos completamente negros correspondem à variante para olhos de cor vermelha opaca no exemplo da *Drosophila* fornecido no texto. Na primeira geração, três indivíduos têm um gene de cada tipo. Portanto, 30% dos genes na população são do tipo representado pelos discos negros com centro branco. A figura ilustra as linhas de descendência dos genes em cada geração (por conveniência, presumimos que os indivíduos podem reproduzir-se como machos ou fêmeas, como ocorre em muitas espécies hermafroditas de plantas, como os tomates, e de animais, como as minhocas). Por acaso, acontece de alguns indivíduos terem mais descendentes do que outros, enquanto outros sequer deixam descendentes vivos (por exemplo, o indivíduo representado à direita na segunda geração). O número de cópias de genes de cada tipo, portanto, oscila de uma geração para outra. Na terceira geração, três indivíduos herdam uma cópia do gene representado pelo disco negro com centro branco do único indivíduo que apresenta tal gene na segunda geração, e então esse tipo de gene passa de 10% a 30% do total; na geração seguinte, corresponde a 50%, e assim por diante.

tardará para que todos os membros da população se tornem iguais. Isso levará muito mais tempo em uma população grande.

Esse exemplo ilustra dois efeitos da deriva genética. Em primeiro lugar, enquanto uma nova variante está oscilando rumo ao desaparecimento ou então a uma frequência de 100% (*fixação*), o caráter biológico afetado pelo gene é variável na população. A introdução de novas variantes neutras, provocada pela mutação, e as mudanças na frequência das variantes (e, de tempos em tempos, a perda de genes variantes), provocadas pela deriva genética, determinam a variabilidade da população. A análise de sequências de DNA do mesmo gene de diferentes indivíduos de uma população revela a variabilidade em locais silenciosos devido a esse processo, conforme mencionamos no Capítulo 5.

Um segundo efeito da deriva genética é que uma variante seletivamente neutra que no princípio é muito rara tem alguma chance de se espalhar por toda a população e de substituir variantes alternativas, embora tenha uma chance muito maior de desaparecer. A deriva genética, portanto, leva à divergência evolutiva entre duas populações isoladas, mesmo que não haja nenhuma seleção que promova as mudanças. Esse é um processo muito lento. Seu ritmo depende da frequência com que surgem novas mutações neutras, bem como da frequência com que a deriva genética leva à substituição de uma versão de um gene por outra. Notadamente, a taxa de divergência entre as sequências de DNA de duas espécies depende apenas da taxa de mutação por letra do DNA (a frequência com que determinada letra em um progenitor é mutante na cópia transmitida a um descendente).

Uma explicação intuitiva para isso é que, se nenhuma seleção está atuando, nada afeta o número de diferenças decorrentes de mutações observado entre duas espécies, com exceção da frequência com que tais mutações ocorrem e do tempo decorrido desde o último ancestral comum às duas espécies. Uma população grande sofre mais mutações novas por geração, simplesmente porque há mais indivíduos nos quais a mutação pode ocorrer. Contudo, a deriva genética acontece mais rapidamente em uma população pequena, conforme já foi explicado. Acontece que os dois efeitos opostos do tamanho da população se anulam mutuamente e, portanto, a taxa de mutação determina a taxa de divergência.

Esse resultado teórico tem importantes implicações para nossa capacidade de determinar as relações entre espécies diferentes. Implica que mudanças neutras se acumulam em um gene com o passar do tempo, a uma taxa que depende da taxa de mutação do gene (o princípio do relógio molecular, mencionado no Capítulo 3). Por isso, as mudanças nas sequências de genes tendem a acontecer de um modo muito mais semelhante a um relógio do que as mudanças em características sujeitas à seleção. As taxas de mudança morfológica dependem fortemente de mudanças ambientais, podendo ocorrer taxas variáveis e mudanças de direção.

Nem mesmo o relógio molecular é totalmente preciso. As taxas de evolução molecular podem mudar com o tempo em uma mesma linhagem, assim como entre linhagens diferentes. No entanto, por meio do relógio molecular, os biólogos são capazes de chegar a uma data aproximada da divergência entre espécies para as quais não há indícios fósseis. Para calibrar o relógio, são necessárias as sequências das espécies mais próximas disponíveis cuja data de divergência é conhecida. Uma das aplicações mais importantes desse método foi para determinar o momento da divisão entre a linhagem que deu origem aos humanos modernos e a que levou aos chimpanzés e gorilas, para a qual não há registros fósseis independentes. O uso do relógio molecular com um grande número de sequências de genes possibilitou estimar, com segurança considerável, uma data de 6 ou 7 milhões de anos. Como a taxa de evolução de sequências neutras depende da taxa de mutação, o relógio é excessivamente lento, já que a frequência com que letras individuais do DNA são alteradas por mutação é bastante baixa.

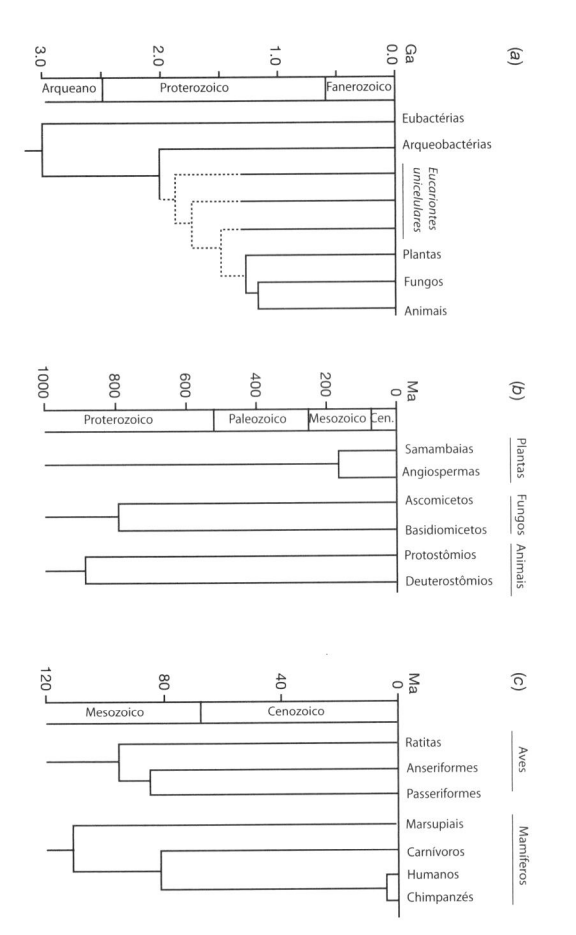

19. **Cronologia recente da árvore da vida baseada em diferenças nas sequências de DNA, com as datas estimadas de divergência entre os grupos. A parte (a) inclui todos os organismos (as eubactérias e as arqueobactérias são as duas grandes divisões de bactérias); a parte (b) abrange organismos pluricelulares (as angiospermas são as plantas com flores; os ascomicetos e os basidiomicetos são os dois principais tipos de fungos), e a parte (c) inclui os grupos de aves e mamíferos (as aves ratitas são as avestruzes e seus parentes; as anseriformes são os patos e seus parentes; as passeriformes são os pássaros canoros).**

O fato de que aproximadamente 1% das letras do DNA difere entre humanos e chimpanzés significa a mudança de uma única letra apenas uma vez em mais de 1 bilhão de anos. Isso está em consonância com as medições experimentais das taxas de mutação.

As pesquisas revelam que um relógio molecular também se aplica à sequência de aminoácidos das proteínas. Conforme já mencionado, as sequências de proteínas evoluem mais lentamente do que as mudanças silenciosas no DNA e, portanto, são úteis para a difícil tarefa de comparar espécies que divergiram há muito tempo. Entre essas espécies, várias mudanças devem ter ocorrido em algumas regiões de suas sequências de DNA, de modo que se torna impossível contar precisamente o número de mutações que aconteceram. Assim, os cientistas interessados em reconstruir o momento de divergência entre os principais grupos de seres vivos utilizam os dados fornecidos pelas moléculas que evoluem devagar (figura 19). Tais dados são, é claro, estimativas grosseiras, mas o acúmulo de estimativas de muitos genes diferentes pode tornar o procedimento mais preciso. O uso criterioso das informações das sequências de genes que evoluem a taxas diferentes está possibilitando aos biólogos compor um quadro das relações entre grupos de organismos cujo último ancestral comum viveu há 1 bilhão de anos ou mais. Em outras palavras, estamos próximos de reconstruir a árvore genealógica da vida.

Capítulo 7
Alguns problemas difíceis

À medida que os biólogos foram sendo capazes de compreender e verificar cada vez melhor a teoria da evolução, novos problemas surgiam. Nem todos foram resolvidos, e ainda há debate sobre questões antigas e novas. Neste capítulo, descreveremos alguns exemplos de fenômenos biológicos que são aparentemente difíceis de explicar. Alguns deles foram abordados pelo próprio Darwin, enquanto outros foram objeto de estudos posteriores.

Como podem surgir adaptações complexas?

Com frequência, os que criticam a teoria da evolução por seleção natural evocam a dificuldade de desenvolver estruturas biológicas complexas, de moléculas de proteína e células a olhos e cérebros. Como uma peça do maquinário biológico, em pleno funcionamento e perfeitamente adaptada, pode ser produzida exclusivamente por meio da seleção de mutações ocorridas ao acaso? O segredo para entender como isso pode acontecer está em outro significado da palavra "adaptação". Na evolução de organismos e de seu complexo maquinário, muitos aspectos são versões modificadas (adaptadas) de estruturas preexistentes, assim como máquinas são feitas por engenheiros. Ao fazer equipamentos e dispositivos complexos, os modelos iniciais, menos elegantes, são refinados ao longo do tempo e diversificados (adaptados) para novos usos, às vezes imprevistos. A evolução da prótese total do joelho é um bom exemplo do processo pelo qual uma solução inicial rudimentar mostrou-se boa o bastante para ser útil, mas foi submetida a sucessivas adaptações para se tornar cada vez melhor. Assim como na evolução biológica, desenvolveram-se muitos projetos iniciais que parecem insatisfatórios segundo os critérios atuais, porém cada modelo foi uma melhoria em relação aos que o antecederam e pôde ser usado por cirurgiões de joelho. Cada um deles exerceu seu papel como um estágio na evolução dos modernos e complexos joelhos artificiais.

Esse processo de adaptação sucessiva de "projetos" é como escalar uma montanha em um dia de densa neblina. Mesmo sem um objetivo de chegar ao topo (ou mesmo sem saber onde estamos), se seguirmos uma regra simples –, cada passo vai para cima – estaremos cada vez mais perto do topo (ou ao menos de um topo local). Simplesmente por fazer uma estrutura funcionar melhor de alguma forma, o resultado é um projeto melhorado, sem que seja necessário um Criador. Na engenharia, um projeto melhorado normalmente é produto da contribuição de muitos engenheiros diferentes no decorrer da evolução de uma máquina, e os primeiros projetistas de automóveis teriam ficado boquiabertos com os carros de hoje. Na evolução natural, esse projeto resulta dos chamados "reparos" ao organismo, com pequenas mudanças que fazem com que aqueles que o possuem sobrevivam ou se reproduzam melhor do que os outros. Na evolução de uma estrutura complexa, várias características distintas devem, é claro, evoluir simultaneamente, de modo que as várias partes da estrutura estejam bem-adaptadas à função como um todo. Vimos, no Capítulo 5, que as características vantajosas podem espalhar-se em dada população em um curto intervalo de tempo com relação ao tempo necessário para grandes mudanças evolutivas, mesmo que no início essas características sejam bastante raras. Uma sucessão de pequenas alterações em uma estrutura que já funciona, mas é passível de ser melhorada, pode, assim, produzir grandes mudanças evolutivas. Após muitos milhares de anos, não é difícil imaginar a transformação radical até mesmo de uma estrutura complexa. Após um período suficiente, a estrutura tende a diferir de seu estado ancestral em vários aspectos distintos, de modo que os indivíduos na população descendente costumam ter combinações de características nunca vistas na população ancestral, assim como os carros de hoje têm muitas diferenças com relação aos primeiros carros. Esta não é apenas uma possibilidade teórica: conforme descrevemos no Capítulo 5, os criadores de plantas e de animais fazem isso de forma rotineira por meio da seleção artificial. Portanto, não há nenhuma dificuldade em entender como a seleção natural pode levar à evolução de características extremamente complexas, compostas de inúmeros componentes ajustados uns aos outros.

A evolução das moléculas de proteína por vezes é colocada como um problema particularmente difícil. As proteínas são estruturas complexas cujas partes devem interagir para funcionar adequadamente (muitas proteínas também devem interagir com outras proteínas e outras moléculas, incluindo o DNA em alguns casos). Sem dúvida, a teoria da evolução deve ser capaz de explicar a evolução das proteínas. Há vinte tipos diferentes de aminoácidos; logo a chance de que o tipo certo apareça em determinada posição em uma molécula de proteína composta de cem aminoácidos (mais curta do que muitas proteínas reais) é uma em vinte. É claro que, se cem aminoácidos fossem agrupados de maneira aleatória, a chance de que cada posição tivesse o aminoácido correto, formando assim uma proteína funcional, seria infinitamente pequena. Por isso, tem-se afirmado que a chance de montar uma proteína funcional é equivalente à de um avião ser montado por um tornado atravessando um ferro-velho. É verdade que uma proteína funcional não poderia ser montada por meio da seleção aleatória de um aminoácido para cada posição na sequência. Porém, conforme as explicações anteriores evidenciam, a seleção natural não funciona assim. As proteínas provavelmente começaram como cadeias curtas compostas de alguns poucos aminoácidos capazes de fazer com que as reações ocorressem um pouco mais rápido e foram sucessivamente aprimoradas à medida que evoluíram. Não há por que se preocupar com os muitos milhões de possíveis sequências não funcionais que jamais existirão, considerando que durante a evolução as sequências de proteína deram início a reações de catalisação melhores do que quando nenhuma proteína está presente, e então foram sendo cada vez mais aprimoradas no decorrer do processo evolutivo. É fácil ver, em princípio, como sucessivas mudanças graduais podem melhorar uma proteína, cada uma mudando a sequência ou aumentando seu comprimento.

O que sabemos sobre o funcionamento das proteínas corrobora essa ideia. A parte de uma proteína que é essencial para sua atividade química costuma ser apenas uma pequena fração de sua sequência. Uma enzima típica tem apenas uma porção de aminoácidos que interagem fisicamente com a substância química que será transformada pela enzima. A maior parte do restante da cadeia proteica só fornece um suporte temporário para a estrutura da parte envolvida nessa interação. Isso significa que o funcionamento de uma proteína depende crucialmente de não mais do que um conjunto relativamente pequeno de aminoácidos, e, assim, uma nova função poderia surgir em decorrência de um pequeno número de mudanças na sequência da proteína. Esse processo foi verificado por muitos experimentos em que mudanças induzidas artificialmente na sequência de proteínas foram sujeitas à seleção que favorecia novas atividades. Mostrou-se surpreendentemente fácil produzir transformações um tanto radicais na atividade biológica das proteínas dessa maneira, às vezes uma mudança em um único aminoácido, e há exemplos similares em mudanças surgidas naturalmente.

Uma resposta parecida pode ser dada à pergunta acerca de como é possível que surjam vias para sucessivas reações enzimáticas, tais como as que produzem as substâncias químicas de que os organismos necessitam (ver Capítulo 3). Talvez se pudesse pensar que, embora os produtos finais sejam úteis, o desenvolvimento dessas vias seria impossível, já que a evolução não é capaz de prever o futuro e não pode construir uma cadeia de reações enzimáticas até que sua função esteja completa. Mais uma vez, a solução para esse aparente enigma é simples. Muitas substâncias químicas úteis provavelmente estavam presentes no ambiente dos organismos primitivos. Conforme a vida evoluiu, estas teriam se tornado escassas. Um organismo capaz de transformar uma substância química similar em outra que lhe era útil teria vantagem e, assim, poderia surgir uma enzima para catalisar essa mudança. A substância química útil seria, então, sintetizada a partir da relacionada. Desse modo, uma breve via biossintética, com um precursor e um produto, seria favorecida. Por sucessivas etapas como essa, as vias puderam evoluir – partindo de seus produtos finais – para construir as substâncias químicas de que os organismos necessitam.

Se as adaptações complexas realmente evoluem em etapas, como propõem os biólogos evolutivos, devemos ser capazes de encontrar indícios de estágios intermediários na evolução dessas características. Há duas fontes de tais indícios: a existência de intermediários no registro fóssil e as espécies atuais que demonstram estágios intermediários entre estados simples e mais avançados. No Capítulo 4, descrevemos exemplos de fósseis intermediários que relacionam formas muito diferentes, os quais corroboram o princípio de uma mudança evolutiva gradual. É evidente que, em muitos casos, há uma ausência total de intermediários, sobretudo se recuamos no tempo. Em particular, as principais divisões de animais pluricelulares, incluindo moluscos, artrópodes e vertebrados, apareceram quase todas de modo um tanto repentino no Cambriano (há mais de 500 milhões de anos), não havendo praticamente nenhum registro fóssil de seus ancestrais. Os estudos recentes de sequências de DNA acerca das relações entre eles apresentam fortes indícios de que esses grupos já eram linhagens separadas muito antes da era Cambriana (figura 19), mas não temos informações a respeito de como eles eram, provavelmente porque tinham corpo mole e, portanto, não eram propensos à fossilização. No entanto, a incompletude do registro fóssil não significa que não tenham existido intermediários. Novos intermediários estão constantemente sendo descobertos. Uma descoberta recente é o fóssil de um mamífero de 125 milhões de anos, na China, com características similares às dos mamíferos placentários modernos, só que mais de 40 milhões de anos mais velho do que o mais antigo fóssil desse tipo conhecido até então.

O outro tipo de indício, oriundo de comparações de organismos vivos, é nossa única fonte de informação sobre características que não se fossilizam. Um exemplo simples, porém contundente é fornecido pelo voo, conforme assinalado por Darwin no Capítulo 6 de *A origem das espécies*. Não há nenhum fóssil que conecte os morcegos a outros mamíferos; os primeiros fósseis de morcegos, encontrados em depósitos de mais de 60 milhões de anos, têm os membros extremamente modificados, tal como os morcegos de hoje. Contudo, há vários exemplos de mamíferos modernos que têm a capacidade de planar, mas não de voar. Os mais conhecidos são os esquilos "voadores", que são muito similares aos esquilos comuns, mas têm membranas de pele conectando seus membros anteriores e posteriores. Elas funcionam como asas rudimentares, que permitem que os esquilos planem por certa distância quando se lançam no ar. Adaptações similares surgiram de modo independente em outros mamíferos, dentre os quais os colugos, também chamados lêmures voadores (que não são verdadeiros lêmures nem são parentes dos esquilos voadores), e os marsupiais petauros-do-açúcar. Também são conhecidas espécies planadoras de lagartos, cobras e rãs. É fácil imaginar como a capacidade de planar reduz o risco de que um animal arborícola seja capturado e devorado por um predador e como tal capacidade pode ter evoluído por uma modificação gradativa do corpo de um animal que pula de galho em galho. Um aumento gradual na área da pele usada para planar e modificações nos membros posteriores para sustentar tal aumento seriam claramente vantajosos. O colugo tem uma grande membrana extensível que vai da cabeça à cauda. É muito parecida com as asas dos morcegos, embora os animais só possam planar, mas não voar. Após o surgimento de uma estrutura de asa que permita planar de modo eficaz, é fácil vislumbrar o desenvolvimento da musculatura das asas para produzir força de contração.

A evolução dos olhos é outro exemplo, também considerado por Darwin. O olho dos vertebrados é uma estrutura extremamente complexa, com células fotossensíveis na retina, córnea transparente e lente que permite que a imagem seja focada na retina, além dos músculos que ajustam o foco. Todos os animais vertebrados têm basicamente o mesmo projeto de olho, mas com diversas variações de detalhe adaptadas a diferentes modos de vida. Como foi possível o surgimento dessa peça tão complexa do maquinário quando, ao que parece, uma lente é inútil sem uma retina, e vice-versa? A resposta é que uma retina certamente não é inútil sem uma lente. Muitos tipos de animais invertebrados têm olhos simples, sem lentes. Esses animais não precisam ver com clareza. É suficiente perceber a luz e a escuridão a fim de detectar predadores. De fato, uma série de intermediários entre os receptores fotossensíveis simples e vários tipos de dispositivos complexos que produzem imagens do mundo podem ser observados em diferentes grupos de animais (figura 20). Até mesmo os eucariontes unicelulares são capazes de detectar e reagir à luz, por meio de receptores compostos de um conjunto de moléculas da proteína fotossensível rodopsina. A rodopsina é usada nos olhos de todos os animais, sendo também encontrada em bactérias. Começando com essa capacidade simples das células de detectar luz, é fácil imaginar uma série de etapas em que capacidades cada vez maiores de captura de luz evoluem passo a passo, levando finalmente a uma lente focal que produz uma imagem nítida. Conforme afirma Darwin:

> Nos organismos vivos, a variação tende a causar mínimas alterações, [...] e a seleção natural seleciona cada melhoria com habilidade infalível. Considerando que esse processo continua por um milhão de anos, e a cada ano em milhões de indivíduos de muitos tipos, é possível duvidar que assim se possa formar um instrumento ótico vivo [...] superior a um de vidro?

Por que envelhecemos?

De modo geral, o corpo de um jovem adulto nos impressiona, assim como o olho, por ser uma peça quase perfeita

Água-viva e espécies relacionadas

Vermes marinhos

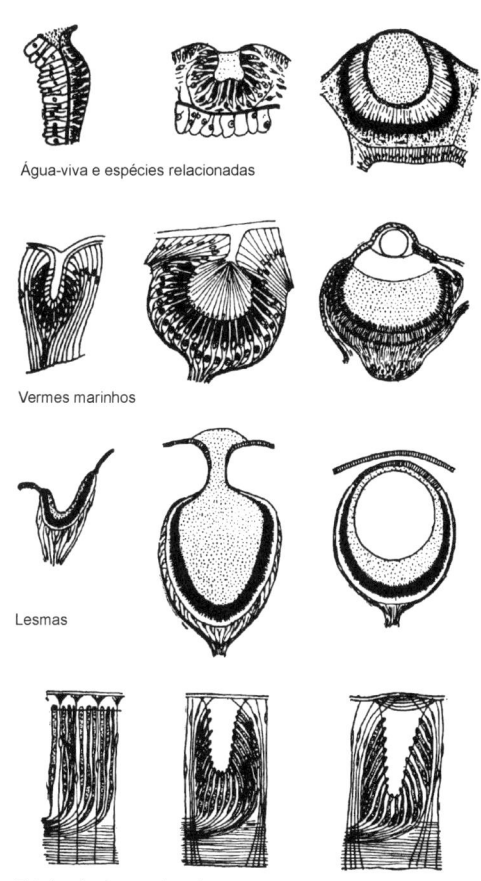

Lesmas

Estrelas-do-mar e ouriços-do-mar

20. Olhos de vários animais invertebrados. Da esquerda para a direita, cada linha mostra tipos de olhos sucessivamente mais avançados, presentes em diferentes espécies de determinado grupo. Por exemplo, nos vermes marinhos (segunda linha), o olho à esquerda consiste apenas de algumas células fotossensíveis e de pigmento, com um cone transparente que se projeta para o seu interior. O olho do meio tem uma câmara preenchida com um gel transparente e uma retina com um grande número de células fotossensíveis. O olho da direita tem uma lente esférica em frente à câmara e muitos mais receptores de luz.

do maquinário biológico. O problema oposto a explicar essa quase perfeição é explicar por que ela não é mantida por muito tempo durante a vida. Por que a evolução permite que isso aconteça? A degeneração de um ser quase perfeito a uma sombra débil de si mesma em consequência do envelhecimento tem sido um dos temas favoritos dos poetas, sobretudo quando eles anteveem esse processo acontecendo com a pessoa amada:

> Sobre tua beleza então questiono
> Que há de sofrer do Tempo a dura prova,
> Pois as graças do mundo em abandono
> > Morrem ao ver nascendo a graça nova.
> > Contra a foice do Tempo é vão combate,
> > Salvo a prole, que o enfrenta se te abate.

Excerto do "Soneto 12", de William Shakespeare*

O envelhecimento, é evidente, não se restringe aos humanos, sendo observado em praticamente todas as plantas e animais. Para medir o envelhecimento, podemos estudar muitos indivíduos mantidos em um ambiente protegido, onde as causas "externas" de mortalidade como a predação foram eliminadas, de sorte que os indivíduos vivem muito mais tempo do que na natureza. Acompanhando-os ao longo do tempo, podemos determinar as probabilidades de morte em diferentes idades. A mortalidade costuma ser alta para recém-nascidos, mesmo em situações protegidas; diminui conforme os indivíduos crescem e tornam-se maiores, mas então aumenta novamente após a idade adulta. Na maioria das espécies que foram estudadas em detalhe, a taxa de mortalidade em adultos aumenta gradativamente com a idade. Os padrões de mortalidade, no entanto, diferem bastante entre as espécies. Organismos pequenos e de vida curta, como os ratos, têm taxas de mortalidade muito mais altas em idade relativamente jovem do que organismos grandes e de vida longa, como os seres humanos.

---

* SHAKESPEARE, W. *42 Sonetos*. Tradução de Ivo Barroso. Rio de Janeiro: Nova Fronteira, 2005.

Esse aumento progressivo na taxa de mortalidade reflete a deterioração de várias funções biológicas conforme a idade avança: quase tudo parece ficar pior, da força muscular à capacidade mental. A ocorrência quase universal do envelhecimento em organismos pluricelulares (que parece um tipo de degeneração) parece ser uma grave dificuldade para a teoria evolutiva – contrariando a ideia de que a seleção natural causa a evolução da adaptação. Uma explicação para isso é que a adaptação nunca é perfeita. O envelhecimento é, em parte, uma consequência inevitável dos danos acumulados aos sistemas necessários à sobrevivência continuada, e é provável que a seleção simplesmente não seja capaz de prever isso. De fato, a chance anual de falência de máquinas complicadas, tais como os carros, também aumenta com a idade, de modo muito similar à mortalidade dos seres vivos.

Porém, isso não pode ser tudo. Organismos unicelulares como as bactérias se reproduzem meramente por meio da divisão em células-filhas, e as linhagens de células produzidas por essas divisões persistem por bilhões de anos. Elas não envelhecem, mas estão sempre destruindo componentes danificados e substituindo-os por novos. Podem continuar a se propagar indefinidamente, desde que as mutações nocivas sejam eliminadas pela seleção. Esse processo também é possível para as células de alguns organismos cultivados em laboratório, tais como as moscas da fruta. As linhagens de células reprodutivas de organismos pluricelulares também são perpetuadas a cada geração; sendo assim, por que os processos de reparação não podem ser mantidos para todo o organismo? Por que a maior parte dos sistemas do nosso corpo apresenta alguma deterioração ao envelhecer? Por exemplo, os dentes dos mamíferos se desgastam com a idade, o que, na natureza, leva à morte por inanição. Isso não é inevitável; os dentes dos répteis são renovados de tempos em tempos. As diferentes taxas de envelhecimento de espécies distintas refletem as diferenças na eficácia dos processos de reparação e no quanto estes são mantidos com o avanço da idade: um rato pode esperar viver no máximo três anos, ao passo que um ser humano pode viver por mais de oitenta. Essas diferenças entre as espécies indicam que o envelhecimento evolui e, portanto, requer uma explicação evolutiva.

Vimos no Capítulo 5 que a seleção natural sobre organismos pluricelulares opera com base nas diferenças com relação às contribuições dos indivíduos à geração seguinte, ao número de descendentes que eles geram e às suas chances de sobrevivência. Além disso, todos os indivíduos correm o risco de morrer por algum tipo de acidente, doença ou predação. Mesmo que o risco de morte devido a essas causas não dependa da idade, a chance de sobrevivência diminui conforme a idade aumenta em nós mesmos, assim como nos carros: se a probabilidade de sobrevivência de um ano para outro é 90%, a chance de sobrevivência após cinco anos é de 60%, mas após cinquenta anos é de apenas 5%. A seleção, portanto, favorece a sobrevivência e a reprodução no início da vida adulta e não mais tarde, simplesmente porque, em média, mais indivíduos estarão vivos para experimentar os efeitos benéficos. Quanto maior a mortalidade devido a acidentes, doenças e predação, mais intensamente a seleção favorecerá melhorias o quanto antes na vida, já que poucos indivíduos poderão sobreviver até idades mais avançadas se a taxa de morte por causas externas for elevada.

Esse argumento propõe que o envelhecimento evolui porque as variantes com efeitos favoráveis sobre a sobrevivência ou a fertilidade no início da vida adulta têm maior valor seletivo em comparação com as variantes que atuam mais tarde. O conceito é similar à ideia conhecida do seguro de vida: custa menos comprar uma certa cobertura quando você é jovem porque é mais provável que você terá muitos anos para pagar. Há duas formas principais pelas quais a seleção natural pode atuar para provocar o envelhecimento. O argumento usado antes mostra que as mutações com efeitos nocivos serão mais incisivamente eliminadas pela seleção se elas expressarem seus efeitos em uma etapa inicial da vida. O primeiro modo pelo qual a seleção pode causar envelhecimento é fazer com que as mutações que atuam nos estágios iniciais permaneçam raras nas populações e, ao mesmo tempo, permitir que aquelas que têm efeitos em etapas posteriores da vida tornem-se mais comuns. De fato, muitas doenças genéticas comuns em humanos devem-se a mutações cujos efeitos nocivos aparecem em estágios mais avançados da vida, tais como aquelas associadas à doença de Alzheimer. Em segundo lugar, as variantes que têm efeitos benéficos no início da vida terão mais probabilidade de se espalhar pela população do que aquelas cujos efeitos benéficos só aparecem em idade avançada. As melhorias nos estágios iniciais da vida podem evoluir, mesmo que esses benefícios ocorram à custa de efeitos colaterais nocivos mais tarde. Por exemplo, os níveis mais altos de alguns hormônios reprodutivos podem melhorar a fertilidade das mulheres no início da vida adulta, mas aumentam o risco de câncer de mama e de ovário mais tarde. Os experimentos confirmam essas previsões. Por exemplo, é possível manter populações da mosca da fruta *Drosophila melanogaster* fazendo com que apenas os indivíduos muito velhos procriem. Em poucas gerações, essas populações desenvolvem um envelhecimento mais lento, mas à custa de menor sucesso reprodutivo no início da vida adulta.

A teoria evolutiva do envelhecimento prognostica que espécies com baixa taxa de mortalidade por causas externas devem gerar baixa taxa de envelhecimento e expectativa de vida mais alta em comparação a espécies com taxa mais elevada de morte por causas externas. Há, de fato, uma forte relação entre o tamanho do corpo e a taxa de envelhecimento: os animais menores tendem a envelhecer muito mais rápido do que os maiores e a se reproduzir mais cedo. Isso provavelmente reflete o fato de que muitos animais pequenos estão mais vulneráveis a acidentes e à predação. Entre espécies com tamanhos similares, as diferenças notórias nas taxas de envelhecimento entre animais com diferentes taxas de mortalidade na natureza normalmente têm lógica se considerarmos seu risco de predação. Diversos seres voadores são notáveis por sua longevidade, o que faz sentido, visto que o voo é uma boa defesa contra muitos predadores. Um ser relativamente pequeno como um papagaio pode ter uma expectativa de vida maior que a de um ser humano. Os morcegos vivem por muito mais tempo do que os mamíferos terrestres com massa corporal comparável, como os ratos.

Nós mesmos podemos ser um exemplo de evolução de uma taxa mais lenta de envelhecimento. Nossos parentes mais próximos, os chimpanzés, raramente vivem mais de cinquenta anos, mesmo em cativeiro, e começam a se reproduzir mais cedo em comparação aos seres humanos – em média, aos onze anos de idade. Os humanos, portanto, provavelmente reduziram de forma significativa sua taxa de envelhecimento desde que divergiram de nosso ancestral em comum com os macacos e postergaram a maturidade reprodutiva. É provável que essas mudanças sejam sua maior inteligência e capacidade de cooperar, o que reduziu a vulnerabilidade a causas externas de morte e diminuiu a vantagem de se reproduzir cedo. Uma mudança nas vantagens relativas de se reproduzir mais cedo ou mais tarde pode ser detectada e inclusive mensurada nas sociedades atuais. A industrialização levou a um drástico declínio nas taxas de mortalidade entre adultos, conforme demonstram os dados dos censos. Isso muda a seleção natural que afeta o processo de desenvolvimento nas populações humanas. Consideremos a doença de Huntington, um distúrbio cerebral degenerativo causado por um raro gene mutante. Essa doença costuma manifestar-se tarde (aos trinta anos de idade ou mais). Em uma população com alta taxa de mortalidade devido a doenças e desnutrição, poucos indivíduos sobrevivem até os quarenta anos, e os portadores da doença de Huntington têm, em média, um número apenas um pouco menor (9%) de descendentes que os indivíduos não afetados. Nas sociedades industrializadas, com baixas taxas de mortalidade, geralmente as pessoas têm filhos em idades em que a doença poderia aparecer e, em consequência, os indivíduos afetados têm em média 15% menos descendentes que os não afetados. Se as condições atuais continuarem, a seleção gradativamente reduzirá a frequência de genes mutantes com efeitos que se manifestam mais tarde na vida reprodutiva, e a taxa de sobrevivência dos indivíduos mais velhos aumentará. Os genes raros com efeitos importantes como a doença de Huntington têm apenas um efeito secundário na população como um todo, mas muitas outras doenças que estão sob um controle que é, ao menos em parte, genético afligem sobretudo indivíduos de meia-idade e idosos, incluindo doenças cardíacas e câncer. Podemos esperar que a incidência desses genes diminua com o tempo devido a essa seleção natural. Se as baixas taxas de mortalidade características das sociedades industrializadas persistirem por vários séculos (um grande talvez), haverá uma lenta, porém gradativa, mudança genética em direção a índices mais baixos de envelhecimento.

A evolução de castas sociais estéreis

Outro problema para a teoria evolutiva é a existência de indivíduos estéreis em vários tipos de animais sociais.

Em sociedades de vespas, abelhas e formigas, algumas das fêmeas em um ninho são operárias, as quais não se reproduzem. As fêmeas reprodutivas são uma pequena minoria na colônia (via de regra, uma única rainha); as fêmeas operárias cuidam da prole da rainha, assim como mantêm e abastecem o ninho. No outro grupo importante de insetos sociais, os cupins, tanto os machos quanto as fêmeas comportam-se como operários. Nos insetos sociais avançados, geralmente há diferentes "castas" que desempenham papéis muito distintos e são identificados por diferenças de comportamento, além de tamanho e estrutura do corpo (figura 21).

Uma notável descoberta recente é que algumas espécies de mamíferos com ninhos comunais têm organizações sociais que lembram as desses insetos em que a maioria dos habitantes de um ninho é estéril. O mais famoso é o rato-toupeira-pelado, uma espécie de roedor que habita áreas desérticas do sul da África. Pode haver várias dúzias de habitantes em um ninho, com uma única fêmea reprodutiva. Quando ela

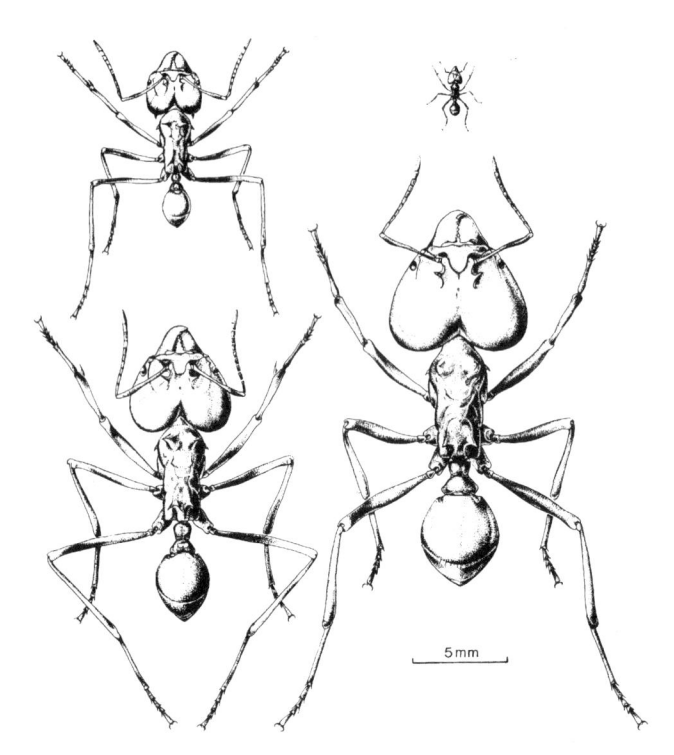

21. Castas de operárias da formiga-cortadeira *Atta*, todas da mesma colônia. A minúscula operária no canto superior direito cuida dos fungos cultivados por essa espécie. As gigantes são guerreiras, que guardam o ninho.

morre, algumas das outras fêmeas disputam para substituí-la, e uma delas sai vitoriosa. Observa-se, então, que sistemas de animais sociais com operários estéreis surgiram em grupos de animais muito diferentes. Essas espécies apresentam problemas visíveis para a teoria da seleção natural. Como os indivíduos podem evoluir para se abster da reprodução? Como surgiram as adaptações – normalmente tão extremas – das castas de operárias a suas funções especializadas, já que elas não se reproduzem e, portanto, não podem estar diretamente sujeitas à seleção natural?

Essas questões foram levantadas – e parcialmente respondidas – por Darwin em *A origem das espécies*. As respostas residem no fato de que todos os membros de um grupo social, tais como um ninho de ratos-toupeira-pelados ou qualquer outro ninho, são geralmente parentes próximos e provêm dos mesmos progenitores. Uma variante genética que leve o indivíduo a abdicar de seu sucesso reprodutivo para ajudar a criar seus parentes pode ajudar os genes dos parentes a ser transmitidos para a geração seguinte, e os genes dos parentes costumam ser (devido à relação de parentesco) iguais aos genes do indivíduo que os ajudou (no caso de um irmão ou de uma irmã, se um indivíduo tem uma variante genética herdada de um dos pais, a chance de que a variante esteja presente no outro indivíduo é de 50%). Se o sacrifício dos indivíduos estéreis resultar em um aumento suficiente no número de parentes sobreviventes e férteis, o aumento no número de cópias do "gene operário" poderá superar a diminuição associada com sua própria perda de capacidade reprodutiva. O aumento necessário para superar a perda é tanto menor quanto mais próximo o grau de parentesco. J. B. S. Haldane certa vez declarou: "Eu daria a vida por dois irmãos ou oito primos".

Esse princípio de *seleção de parentesco* fornece um marco teórico para compreendermos as origens da esterilidade em animais sociais, e as pesquisas modernas têm mostrado que ele é capaz de explicar muitos detalhes das sociedades animais, inclusive aquelas com caraterísticas não tão extremas quanto castas estéreis. Por exemplo, em algumas espécies de aves, os machos jovens não tentam acasalar, mas continuam como "ajudantes" no ninho dos pais enquanto os irmãos menores estão sendo cuidados. De maneira similar, os cães selvagens cuidam dos filhotes de uma matilha enquanto outros membros do grupo saem para caçar.

A questão acerca de como surgem as diferenças entre castas de operárias estéreis é um pouco diferente, mas tem uma resposta relacionada. O desenvolvimento de um indivíduo enquanto membro de determinada casta de operários é controlado por sinais ambientais, como a quantidade e a qualidade do alimento fornecido ao indivíduo em sua fase larval. No entanto, a capacidade de responder a esses sinais é determinada geneticamente. Certa variante genética pode tornar um membro estéril de uma colônia de formigas propenso a ser, por exemplo, uma formiga guerreira (com maxilares maiores do que as operárias comuns) em vez de operária. Se uma colônia com guerreiras está mais protegida contra os inimigos e se uma colônia com a variante é capaz de produzir, em média, mais membros reprodutivos, a variante aumentará o sucesso da colônia. Se as formigas reprodutivamente ativas da colônia forem parentes próximas das operárias, a variante genética que induz algumas operárias a se tornar guerreiras será transmitida pela colônia através de rainhas e machos que fundarem novas colônias. A seleção, portanto, pode atuar para aumentar a representação dessa variante entre as colônias da espécie.

Essas ideias também nos ajudam a compreender a evolução de organismos pluricelulares a partir de ancestrais unicelulares. As células produzidas pela fusão de um óvulo e um espermatozoide permanecem associadas, e a maioria delas perde a capacidade de se tornar células sexuadas e contribuir com a geração seguinte. Tendo em vista que as células envolvidas são todas geneticamente idênticas, isso seria vantajoso se a sobrevivência e a reprodução tivessem um aumento suficiente no grupo de células associadas em comparação à alternativa unicelular. As células que não se reproduzem "sacrificam" sua própria reprodução para o benefício da comunidade de células. Algumas são condenadas a morrer durante o processo de desenvolvimento, conforme os tecidos se formam e se degeneram, e muitas delas perdem a capacidade de se dividir, como explicamos ao discutir a evolução do envelhecimento. As sérias consequências para o organismo quando as células recobram a capacidade de se dividir sem consideração ao organismo como um todo se manifestam no câncer. A diferenciação de células em diferentes tipos durante o desenvolvimento é análoga à diferenciação de castas nos insetos sociais.

A origem das células vivas e a origem da consciência humana

Dois outros grandes problemas – em boa medida não resolvidos – na teoria da evolução, situados em extremos opostos da história da vida, são a origem das características básicas das células vivas e a origem da consciência humana. Ao contrário das questões que acabamos de discutir, estes são acontecimentos únicos na história da vida. Sua singularidade significa que não podemos utilizar comparações entre os seres vivos para fazer inferências concretas sobre como elas podem ter ocorrido. Além disso, a ausência de registros fósseis para o início da história da vida ou para o comportamento humano significa que não temos informações diretas sobre as sequências dos acontecimentos envolvidos. Isso, é claro, não nos impede de fazer conjecturas sobre o que pode ter ocorrido, mas tais conjecturas não podem ser verificadas pelos métodos que descrevemos para as ideias sobre outros problemas evolutivos.

No caso da origem da vida, o objetivo de grande parte das pesquisas atuais é encontrar condições que lembrem aquelas que prevaleceram no início da história da Terra, as quais permitam a montagem puramente química de moléculas que então sejam capazes de se replicar, assim como o DNA de nossas próprias células é copiado durante a divisão celular. Uma vez que tais moléculas autorreplicantes tenham se formado, é fácil imaginar como a competição entre os diferentes tipos de molécula poderia resultar na evolução de moléculas com capacidade de replicação mais rápida e mais precisa, isto é, a seleção natural estaria atuando para aprimorá-las. Os químicos conseguiram mostrar que os blocos de construção químicos elementares da vida (açúcares, gorduras, aminoácidos e componentes do DNA e do RNA) podem ser formados submetendo-se soluções de moléculas mais simples (do tipo que provavelmente esteve presente nos oceanos da Terra primitiva) a faíscas elétricas e radiação ultravioleta. Houve um progresso limitado em demonstrar como esses elementos podem compor moléculas ainda mais complexas que lembram o RNA ou o DNA e mais limitado ainda em fazer com que tais moléculas se autorrepliquem; portanto, ainda estamos longe de alcançar os objetivos desejados (mas os estudos continuam avançando). Além disso, uma vez alcançado esse objetivo, será preciso descobrir como surgiu um código genético primitivo que permitisse que uma sequência curta de RNA ou de DNA determinasse a sequência de uma cadeia proteica simples. Há muitas ideias, porém até o momento nenhuma solução definitiva para esse problema.

De modo similar, só podemos fazer conjecturas sobre a evolução da consciência humana. É difícil até mesmo identificar claramente a natureza do problema, já que a consciência é muito difícil de definir de maneira precisa. A maioria das pessoas não consideraria um recém-nascido um ser consciente, mas poucos discordariam que uma criança de dois anos é consciente. O grau de consciência dos animais é alvo de debates ferrenhos, embora os amantes de animais de estimação estejam cientes da capacidade de cães e gatos de responder aos desejos e estados de ânimo de seus donos. Os animais de estimação parecem ser capazes inclusive de manipular os donos a fazer o que eles querem. A consciência, portanto, é provavelmente uma questão de grau, e não de tipo, de modo que em princípio há pouca dificuldade de imaginar uma intensificação gradativa da autoconsciência e da capacidade de se comunicar durante a evolução de nossos ancestrais. Alguns considerariam a capacidade de linguagem o critério mais decisivo para a posse de uma consciência verdadeira: ela se desenvolve gradativamente com a idade em bebês, ainda que a um ritmo impressionante. Além disso, há claros indícios de capacidades rudimentares de linguagem em animais como os papagaios e os chimpanzés, que podem ser instruídos a comunicar mensagens simples. A distância que separa os seres humanos e os animais mais evoluídos é mais suposta do que real.

Embora não conheçamos nada acerca dos detalhes das forças seletivas que determinam a evolução das capacidades mentais e linguísticas dos seres humanos, que evidentemente excedem em muito as de quaisquer outros animais, não há nada particularmente misterioso em explicá-las em termos evolutivos. Os biólogos estão fazendo rápidos progressos na compreensão do funcionamento do cérebro, e há pouca dúvida de que todas as formas de atividade mental possam ser explicadas com base nas atividades das células nervosas no cérebro. Essas atividades devem estar submetidas ao controle de genes que especificam o desenvolvimento e o funcionamento do cérebro; assim como qualquer outro gene, estes serão passíveis de mutação, levando a variações sujeitas à seleção. Isso já não é mais pura hipótese: foram encontradas mutações que causam deficiências em aspectos específicos de gramática no discurso dos indivíduos que as apresentam, o que levou à identificação de um gene envolvido no controle de alguns aspectos de gramática. Conhecemos inclusive a mutação em sua sequência de DNA que causa a diferença com relação à norma.

Capítulo 8
Posfácio

O que aprendemos sobre a evolução nos 140 anos desde que Darwin e Wallace publicaram suas ideias pela primeira vez? Conforme vimos, a visão moderna é, em muitos aspectos, notadamente similar à deles, com um grande consenso de que a seleção natural é a principal força que guia a evolução de estruturas, funções e comportamentos. A principal diferença é que dois avanços indicam que o processo de evolução conduzido pela seleção que atua sobre mutações aleatórias do material genético é hoje muito mais plausível do que era no início do século XX. Em primeiro lugar, temos um conjunto bem mais significativo de dados que demonstram a ação da seleção natural em todos os níveis de organização biológica, de moléculas de proteínas a complexos padrões de comportamento. Em segundo lugar, hoje também entendemos o mecanismo de hereditariedade, que constituía um mistério para Darwin e Wallace. Vários aspectos importantes da hereditariedade são hoje compreendidos em detalhe, de como as informações genéticas são armazenadas no DNA a como elas controlam as características dos organismos ao especificar as proteínas e regular seus níveis de produção. Além disso, hoje entendemos que diversas mudanças nas sequências de DNA têm pouco ou nenhum efeito sobre o funcionamento do organismo, de modo que as mudanças evolutivas em sequências de DNA podem ocorrer pelo processo aleatório de deriva genética. A tecnologia do sequenciamento de DNA permite-nos estudar a variação e a evolução do próprio material genético, usando as diferenças entre as sequências para reconstruir as relações genealógicas entre as espécies.

Esse conhecimento da hereditariedade, somado à nossa compreensão de que a seleção natural impulsiona a evolução das características físicas e comportamentais dos organismos, não implica uma determinação genética rígida de todos os aspectos e de tais características. Os genes determinam apenas a gama potencial de características que um organismo pode apresentar; as características que de fato se manifestam dependem do ambiente específico em que se encontra um organismo. Em animais mais evoluídos, o aprendizado exerce um papel importante no comportamento, mas a gama de comportamento que pode ser aprendida é limitada pela estrutura cerebral do animal, a qual, por sua vez, é limitada por sua composição genética. Isso certamente se aplica a várias espécies: nenhum cão aprenderá a falar (nem tampouco os humanos serão capazes de farejar coelhos a distância). Entre humanos, há fortes indícios de que tanto fatores genéticos quanto ambientais estão entre as causas das diferenças em características mentais; seria surpreendente se esse não fosse o caso em nossa espécie, assim como em outros animais. A maior parte da variabilidade em humanos é observada entre indivíduos no interior de populações locais, e as diferenças entre populações são muito menores. Portanto, não há nenhum fundamento para tratar grupos raciais como entidades distintas e homogêneas, e muito menos para atribuir "superioridade" genética a qualquer um deles. Esse é um exemplo de como a ciência pode fornecer conhecimento para instruir as decisões das pessoas sobre questões morais e sociais, embora não possa impor tais decisões.

As características que consideramos mais humanas, como nossa capacidade de falar ou de pensar simbolicamente, assim como os sentimentos que guiam nossas relações familiares e sociais, provavelmente refletem um longo processo de seleção natural que começou há dezenas de milhões de anos, quando nossos ancestrais começaram a viver em grupos sociais. Conforme vimos no Capítulo 7, os animais que vivem em grupos sociais são capazes de desenvolver padrões de comportamento que não são puramente egoístas, no sentido de promover a sobrevivência ou o sucesso reprodutivo de um indivíduo à custa de outro. É tentador pensar que características como um senso de justiça para com os demais façam parte de nossa herança evolutiva como animais sociais, assim como o cuidado dos filhos certamente representa um comportamento evoluído similar ao exibido por muitos outros animais. Enfatizamos, mais uma vez, que isso não significa que todos os detalhes do comportamento das pessoas sejam controlados geneticamente, ou que eles representem características que aumentam a aptidão humana. Além disso, há grande dificuldade em realizar verificações rigorosas das explicações evolutivas para os comportamentos humanos.

Há progresso na evolução? A resposta é um "sim" com ressalvas. Todos os tipos mais complexos de animais e plantas evoluíram de formas menos complexas, e a história da vida mostra um progresso geral do tipo mais simples de organismo procarionte unicelular a pássaros e mamíferos. Contudo, não há nada na teoria da evolução por seleção natural que indique que isso é inevitável, e é evidente que as bactérias continuam sendo uma das formas de vida mais abundantes e prósperas. Isso é análogo à persistência de ferramentas velhas, mas ainda úteis, como os martelos, ao lado dos computadores no mundo moderno. Ademais, há vários exemplos de redução evolutiva da complexidade, tais como espécies cavernícolas que perderam a visão, ou parasitas que carecem das estruturas e funções necessárias para uma existência independente. Conforme salientamos em diversas ocasiões, a seleção natural é incapaz de prever o futuro e simplesmente acumula variantes que são favoráveis nas condições prevalentes. Uma maior complexidade pode, muitas vezes, proporcionar um funcionamento melhor, como no caso dos olhos, e será selecionada por isso. Se a função deixar de ser relevante para a aptidão, não é de surpreender que a estrutura em questão venha a se degenerar.

A evolução também é impiedosa. A seleção atua para aprimorar as habilidades de caça e as armas dos predadores, sem consideração para com os sentimentos da presa. Ela permite que os parasitas desenvolvam dispositivos engenhosos para invadir os hospedeiros, mesmo que isso cause sofrimento intenso. Causa a evolução do envelhecimento. A seleção natural pode até mesmo fazer com que uma espécie desenvolva níveis tão baixos de fertilidade que se tornará extinta quando o ambiente mudar para pior. No entanto, a visão da história da vida revelada pelo registro fóssil e a incrível diversidade de espécies existentes hoje provocam uma sensação de deslumbramento diante dos resultados de mais de três bilhões de anos de evolução, apesar do fato de que isso tudo resultou "da guerra da natureza, da fome e da morte", nas palavras de Darwin. Uma compreensão da evolução pode ensinar nosso verdadeiro lugar na natureza, como parte da imensa gama de seres vivos que as forças impessoais da evolução produziram. Essas forças evolutivas deram à nossa espécie a capacidade única da razão para que possamos usar nossa presciência a fim de amenizar a "guerra da natureza". Devemos admirar o que a evolução produziu e tomar cuidado para não destruí-la com nossa ganância e estupidez, preservando-a para nossos descendentes. Se não formos capazes de fazer isso, nossa espécie poderá se extinguir, juntamente com muitos outros seres vivos fascinantes.

LEITURAS COMPLEMENTARES

Vale a pena ler *A origem das espécies* de Charles Darwin; a síntese magistral de uma série de fatos sobre a história natural para corroborar a teoria da evolução por seleção natural é fascinante, e muito do que Darwin tem a dizer continua extremamente relevante. Há outras edições disponíveis.

Darwin: a Very Short Introduction, de Jonathan Howard (Oxford University Press, 2001) fornece uma excelente pesquisa sucinta da vida e da obra de Darwin.

Para uma excelente discussão sobre como a seleção natural pode produzir a evolução de adaptações complexas, ver *O relojoeiro cego – A teoria da evolução contra o desígnio divino*, de Richard Dawkins (Companhia das Letras, 2001).

O gene egoísta, de Richard Dawkins (Itatiaia/Edusp, 1989), é um relato brilhante de como as ideias modernas sobre a seleção natural explicam uma variedade de características dos organismos vivos, sobretudo seu comportamento.

Nature's Robots. A History of Proteins, de Charles Tanford e Jacqueline Reynolds (Oxford University Press, 2001), é uma história lúcida das descobertas a respeito da natureza e das funções das proteínas, culminando na decifração do código genético.

The Art of Genes. How Organisms Make Themselves, de Enrico Coen (Oxford University Press, 1999), fornece um excelente relato acerca de como os genes controlam o desenvolvimento, com alguma discussão sobre a evolução.

Para um relato da aplicação dos princípios evolutivos ao estudo do comportamento animal, ver *Survival Strategies*, de R. Gadagkar (Harvard University Press, 2001).

Origins Reconsidered: In Search of What Makes Us Human, de Richard Kealey e Roger Lewin (Time Warner Books, 1993), explica a evolução humana para o leitor comum.

O bico do tentilhão – Uma história da evolução no nosso tempo, de J. Weiner (Rocco, 1995), é um excelente relato acerca de como o estudo de Darwin sobre os tentilhões iluminou a biologia evolutiva.

Journey to the Ants. A Story of Scientific Exploration, de B. Hölldobler e E. O. Wilson (Harvard University Press, 1994), é um relato fascinante da história natural das formigas e dos princípios evolutivos que guiam a evolução de suas diversas formas de organização social.

Para uma discussão acerca dos indícios fósseis dos primórdios da evolução da vida, bem como de experimentos e ideias sobre a origem da vida, recomendamos *Cradle of Life. The Discovery of Earth's Early Fossils*, de J. William Schopf (Princeton University Press, 1999).

The Crucible of Creation, de Simon Conway Morris (Oxford University Press, 1998), belamente ilustrado, fornece um relato dos indícios fósseis do surgimento dos principais grupos de animais.

Livros mais avançados (que requerem bons conhecimentos de biologia)

Biologia evolutiva, de D. J. Futuyama (Funpec, 2009), é um livro detalhado e indispensável para estudantes universitários que aborda todos os aspectos da evolução.

Evolução, de Mark Ridley (Artmed, 2006), também é um livro sobre biologia evolutiva destinado a estudantes universitários, porém um pouco menos detalhado.

Evolutionary Genetics, de John Maynard Smith (Oxford University Press, 1998), é um texto atipicamente bem-escrito sobre como os princípios da genética podem ser utilizados para se compreender a evolução.

Behavioural Ecology, de J. R. Krebs e N. B. Davies (Blackwell Science, 1993), oferece uma explicação abrangente da interpretação do comportamento animal segundo a teoria da seleção natural.

ÍNDICE REMISSIVO

A

abelhas 111, 112, 139
ácido lático 31
ácido sulfídrico 31
açúcar 35, 83, 111
adaptação 12, 13, 64, 71, 73, 81, 90, 91, 99, 100, 112, 119, 126, 127, 135
adaptações recíprocas 71
África 48, 57-59, 63, 98, 139
AIDS 42, 86
albinismo 45
algas 61, 65
ameba 41
aminoácidos 33, 35, 36, 38-40, 45, 47, 48, 117, 119, 125, 128, 129, 143
andorinhas 102
anemia 48
anemia falciforme 97
anestésicos 47
angiospermas 62, 63, 81, 124
animais de estimação 144
animais planadores 88
antílopes 81-84
apêndice 26
aprendizado 147
aptidão 80-84, 95, 99, 103, 112, 148
aranhas 22, 56, 61
Archaeopteryx 58, 62
argumento teleológico 73
árvore da vida 9, 124
atividade de terremotos 52
atividade vulcânica 52

aves 9, 23, 26, 58, 63, 66, 67, 69, 71, 73, 88, 90, 102, 124, 141
aves de rapina 90

B

bactérias 14, 19, 42
    resistência a antibióticos 15, 92, 93
beija-flores 111, 112
biologia 11-13, 22, 23, 31, 43, 73, 81, 103, 104, 151
Buffon, conde de 50

C

cães 36, 47, 74-77, 80, 84, 87, 106, 117, 141, 144
cães selvagens 74, 141
camaleões 72
câncer 46, 85, 86, 137, 139, 142
capacidade de sobrevivência 15, 84, 90
cavalos 63, 106
cavalos de corrida 81
celacantos 57
células nervosas 72, 145
células procariontes 28
células vermelhas do sangue *ver* hemácias
cérebro 12, 19, 30, 145
cercopitecos *ver também* símios antropomorfos; macacos
cervo gigante 90
chacais 74, 106
chimpanzés 40, 79
ciclos de vida 43

citoplasma 27, 39
classificação biológica 48
cloroplasto 27
cobras 26, 131
coelhos 77, 147
coiotes 74, 106
colonização 65, 66
coloração 32, 72, 82, 87, 104, 114
coloração críptica 72, 82
colugos 131
competição sexual 90
consciência 12, 143, 144
coração 88, 89
cor do cabelo 48
Crânios 59
crocodilos 62
cromossomos 28, 36-39, 42-45, 49
cruzamento entre espécies 106, 107
cucos 73
cupins 62, 139

D

daltonismo 78
Darwin, Charles 9, 11, 14-16, 23, 25, 52, 57-59, 66-70, 73, 74, 81, 91, 94, 98, 101, 103, 106, 107, 126, 131, 132, 141, 146, 149, 150, 151
    barreiras ao cruzamento entre espécies 107
    descendência com modificação 71
    distribuição geográfica 11
    registro fóssil 74
    seleção artificial 81
    seleção natural 107
    terremoto chileno 52
defeito na absorção de amônio 35
dentes 56, 63, 83, 135
dentes-de-leão 45
depósitos de carvão 62
depósitos marinhos 61
deriva genética 17, 18, 107-109, 112, 119, 121-123, 146
desenvolvimento embrionário 24
detergentes biológicos 27
Deus 10
diabetes 83
dinossauros 54, 58, 62, 63, 65
dióxido de carbono 35
diversificação 62, 64, 65, 68
divisão celular 35, 41, 42, 44-46, 72, 85, 143
DNA (ácido desoxirribonucleico) 29, 33, 35-45, 48, 49, 68, 69, 72, 74, 77, 79, 85, 89, 97, 109, 110, 114-118, 121-125, 128, 130, 143-146
DNA não codificador 37, 41-43, 118
doença de Alzheimer 137
Drosophila melanogaster (mosca da fruta) 14, 36, 38, 41, 43, 115, 119, 137
Drosophila pseudo-obscura (mosca da fruta) 110, 114

E

ecolocalização 89
elefantes 63, 93
energia 27, 31, 48, 55, 96

enzimas 27, 30-32, 36, 42, 46, 47, 98
época de acasalamento 102
época do Eoceno 58
eras glaciais 63, 64
erosão 51-53, 55
escala evolutiva 44
Escherichia coli (bactéria) 42
espécies 9, 11, 13, 17-20, 22-24, 33, 40, 45, 49, 57-59, 64, 66-70, 72, 74-77, 79, 80, 82, 86-90, 93-95, 97, 99, 100, 102, 104-119, 121, 122, 123, 125, 130, 131, 133-137, 139-141, 146-150
espécies de *Drosophila* 113
espermatozoide 12, 38, 41, 44, 105, 142
Esqueletos 20
esquilos-voadores 131
esterilidade 106, 110, 113, 114, 141
estratigrafia 51, 52, 53
eucariontes 27, 28, 36, 38, 39, 41-44, 46, 54, 61, 64, 132
extinções 62

F

fendas branquiais 24, 25
ferritina 30
fertilidade 17, 46, 87, 90, 96, 99, 103, 113, 136, 137, 149
fibrose cística 46
fígado 30
física 36, 51, 102
fontes de alimento 27, 31
foraminíferos 60
formação de montanhas 51, 55
formação de paisagens 53
formigas 73, 78, 139, 142, 151
fósseis vivos 100
fossilização 56, 130
fotossíntese 27
funções celulares 26, 32, 45, 92
funções olfativas 47
fungos 31, 36, 43, 61, 73, 77, 124, 140

G

galanteio 100, 102, 103, 105
gêmeos 78
gêmeos idênticos 78
gêmeos não idênticos 78
genes 17, 26, 32, 36, 37, 39, 41-44, 46, 47, 49, 74, 77, 79-81, 84, 85, 97-99, 102, 106, 113, 116, 117, 119-123, 125, 139, 141, 145, 147, 150
genoma humano 36, 42, 43
geologia 50-52
Gladiolus 96
glicose-6-fosfato desidrogenase 48, 79, 97
golfinhos 89
gorilas 9, 58, 118, 123
gramíneas 63
Grant, Petter e Rosemary, estudo dos tentilhões de Darwin 94
gravidade 51, 104
gripe 42, 91
grupos sociais 147

H

Haldane, J. B. S. 65, 141
Havaí 67
hemácias 39, 41, 48, 97, 98
hemofilia 99
hemoglobina 30, 33, 35, 39, 41, 97
herança 148
herbívoros artiodátilos 58
hereditariedade 36, 75, 76, 146
híbridos 106, 107, 110, 111, 113, 114
hierarquia de dominância 79
Homo sapiens 22, 59
hormônios 30, 31, 137
Hume, David 13
Hutton, James 51

I

ilhas 57, 64, 66, 67, 70
ilhas Galápagos 67, 69, 94, 107, 111, 114
ilhas oceânicas 52, 66, 67
impacto de asteroide (península de Yucatán, México) 63
industrialização 138
insetos 22, 56, 61, 62, 65, 67, 72, 95, 99, 108, 114, 139, 143
inteligência 76, 78, 81, 138
intermediários 24, 58, 109, 112, 130, 132
intervenção humana 93
invertebrados 22, 63, 132, 133
isolamento reprodutivo *ver* endogamia

J

jumentos 106

K

Kelvin, Lord 55

L

lêmures voadores *ver* colugos
lesmas 107
levedura 36, 41, 46
linguagem 144
lobos 74, 75
longevidade 76, 83, 137
Lyell, Charles 51, 55

M

macaco-barrigudo 49
macacos reso 49
macacos *ver também* símios antropomorfos; cercopitecos
maçãs 76
malária 48, 97, 98, 109
mamíferos 9, 14, 19, 22-24, 27, 31, 32, 35, 36, 40, 44, 54, 58, 62-65, 91, 100, 108, 118, 124, 130, 131, 135, 138, 139, 148
   hierarquias sociais 100
marfim 93
mariposas 22, 96, 97
mariposas esfingídeas 96
marsupiais 63, 131
material genético 10, 14, 17-19, 23, 27, 35, 42, 43, 72, 85, 146
   rodopsina 132
melanina 31-33, 48
melanócito 48

Mendel, Gregor 36
metabolismo da vitamina K 84
migração 18, 107, 108
milho 79, 82
mímulos 111
    barreiras ao cruzamento entre espécies 107
minerais 56, 73
mioglobina 35
miosina 30, 35
mitocôndrias 28
mixomatose 77
mobilidade 80
modelos matemáticos 84
moluscos 22, 130
morcegos 23, 63, 66, 88, 89, 102, 131, 138
morcegos Pipistrellus 115
mortalidade 83, 90, 95, 99, 134-139
moscas 22, 30, 35, 87, 100, 110, 115, 120, 135
moscas domésticas (Musca domestica) 22
mudanças silenciosas 118, 119, 125
mulas 106
musgos 44
mutação 15-18, 35, 39, 42, 45-47, 77, 84, 85, 92, 93, 98, 107, 109, 119, 122, 123, 125, 145
    albinismo 45
    resistência a antibióticos 15, 92, 93
    seleção artificial 93
    vantagem 100
    vírus 39

N

Nova Zelândia 66
núcleo 27-29, 38, 39, 44

O

olhos 30, 35, 71, 77, 82, 89, 113, 119-121, 126, 131-133, 148
orangotangos 26, 118
organelas 27, 28
organismos unicelulares 41, 61, 64, 116
órgãos vestigiais 24, 26
origem das espécies, A (Darwin) 18, 57, 58, 66, 69, 106, 131, 141, 150
origem da vida 143, 151
origem do homem, A (Darwin) 25, 58, 101
orquídeas 97
ossículos do ouvido 24
ovelhas 58
óvulos 30, 44, 45, 106
oxigênio 30, 31, 35, 64, 97
oxigênio atmosférico 65
ozônio 64

P

pandas 90
papagaios 144
parasitas 27, 30, 43, 73, 77, 85, 93, 97, 148
pássaros *ver* aves
pavões 102, 103
peixes 9, 23, 24, 61, 72, 114
penicilina 14
período Cambriano 54, 57
período Carbonífero 54, 61, 62

período Cretáceo 54, 62, 63
período Devoniano 54, 61
período Jurássico 58
período Permiano 54, 62
período Terciário 54, 55, 63, 64
período Triásico 54, 62
pítons 26
plantas 9, 12, 19, 27, 31, 36, 41-45, 49, 53, 57, 61, 62, 64, 67, 70, 72-77, 79, 81, 82, 87, 93-96, 98, 104, 105, 107, 108, 112, 118, 121, 124, 128, 134, 148
    barreiras ao cruzamento entre espécies 107
plantas tolerantes a metais 108
polegares opositores 20
polimorfismos 78
polinização 111, 112
polvo 91
pombo-passageiro 90
população descendente 17, 127
populações finitas 119
prêmio Nobel 46
processo de envelhecimento 76
processos de reparação 135
proteína motora *ver* miosina
proteínas 12, 27, 28, 30, 32, 33, 36, 37, 39, 41, 43-49, 64, 72, 79, 98, 99, 117, 119, 125, 128, 129, 146, 150
    músculo 132
pterodátilos 88

Q

queratina 30

R

raças com pedigree 80
radiação ultravioleta 64, 144
radioatividade 55
rãs 72, 102, 131
ratos 47, 77, 84, 85, 87, 92, 97, 117, 134, 138
ratos-toupeira-pelados 141
receptores de luz 133
registro fóssil 56-58, 60-62, 64, 65, 74, 82, 115, 116, 118, 130, 149
    incompletude 57
    membros vestigiais 26
relações genealógicas 23, 146
relógio molecular 49, 123, 125
repolho 75
reprodução 44, 79-82, 84, 86, 87, 105, 109, 114-116, 136, 140, 142
    barreiras ao cruzamento entre espécies 107
reprodução assexuada 116
reprodução seletiva 79, 81
répteis 9, 14, 24, 58, 62, 66, 135
resistência a antibióticos 15, 92, 93
resistência a inseticidas 77
resistência à warfarina 91, 92, 97
retinas 91, 132, 133
RhGA (função do grupo sanguíneo Rhesus) 36

RNA (ácido ribonucleico) 39, 41, 42, 143, 144
rochas sedimentares 51, 55
rochas vulcânicas 51, 52, 66
rodopsina 132
roedores *ver também* ratos

S

sangue 9, 27, 30, 33, 35, 46, 67, 88, 89
    coagulação 33, 84, 99
    grupos sanguíneos 48, 80, 109
secas 95
seleção artificial 74, 75, 76, 77, 81, 87, 93, 128
seleção de parentesco 141
seleção estabilizadora 99, 100
seleção natural 11, 15-17, 46, 48, 71, 74, 81-87, 89-91, 93, 96, 98, 100, 102, 106, 107, 112, 114, 126, 128, 132, 135, 136, 138-141, 143, 146-151
    barreiras ao cruzamento entre espécies 107
    envelhecimento 134
seleção sexual 25, 101-103
seres humanos 9-11, 31, 36, 38-40, 43, 58, 66, 74, 94, 98, 99, 109, 115, 134, 138, 145
    envelhecimento 134
    polimorfismo 79
    produto de forças impessoais 10
símios antropomorfos *ver também* cercopitecos; macacos

sistema circulatório 88, 89
sistema digestivo 22, 26
sistema imunológico 30, 91
sistema nervoso 91
Smith, William 53
Sol 9, 10, 51
sono 22
Staphylococcus 92
substâncias químicas 27, 30, 31, 47, 48, 72, 77, 129, 130

T

tamanho do corpo 60, 67, 137
tartarugas 62
tempo geológico 53, 54
tentilhões de Darwin 67-69, 94
Terra 9-12, 39, 50-55, 61, 64, 65, 143, 144
tirosina 32
trilobitas 62, 65

U

ungulados 63
uniformitarianismo 50, 51, 65
universo 9-11

V

vacas 58, 79
variabilidade seletivamente neutra 17
variação geográfica 107, 109
variação hereditária 74, 75, 77, 78
variação *ver também* cromossomos; DNA
velocidade 51, 81-83
vermes nematoides 38

vertebrados 9, 22, 23, 26, 54, 56, 57, 61, 62, 65, 88, 130-132
vespas 139
vias metabólicas 31, 32
vida animal pluricelular 61
vida marinha 63
vírus 27, 39, 42, 43, 77, 93
vírus da gripe 91

vírus HIV 85, 93
visão polarizada 71
visão ultravioleta 71
von Helmholtz, Hermann 50
voo 84, 102, 131, 138

W

Wallace, Alfred Russel 11, 14, 15, 73, 81, 91, 146

Lista de ilustrações

1. A. Mãos e pés de várias espécies de primatas. / B. Esqueletos de um morcego e de uma ave. / Young, J. Z. *The Life of Vertebrates*. Oxford University Press, 1962 (Mãos e pés, esqueleto de ave). Carroll, R. L. *Vertebrate Paleontology and Evolution*. Nova York: W. H. Freeman, 1988 (esqueleto de morcego). / 20-21

2. Embriões de um humano e de um cão. / Darwin, Charles. *A origem do homem e a seleção sexual*. / 25

3. Células procariontes e eucariontes. / © Don Fawcett/ Science Photo Library (Eucarionte). © A. B. Dowsett/ Science Photo Library (Procarionte). / 28-29

4. A via biossintética para a melanina. / 32

5. A. A estrutura tridimensional da mioglobina. / B. A estrutura do DNA. / Dickerson, R. E. Eis, I. *Hemoglobin: Structure, Function, Evolution, and Pathology*. Califórnia: Benjamin Cummings, 1983. / 34

6. Um par de cromossomos, mostrando genes e seus produtos proteicos. / 37

7. Célula de um verme nematoide em divisão, mostrando os cromossomos. / Swanson, C. P. *Cytology and Cytogenetics*. Macmillan, 1958. / 38

8. Sequências de DNA e de proteína de uma parte do gene para o receptor de hormônio estimulador de melanócitos. / 40

9. As divisões do tempo geológico. / Halstead, L. B. *Hunting the Past*. Hamish Hamilton, 1983. / 54

10. Crânios de alguns ancestrais e parentes de humanos. / Radinsky, L. B. *The Evolution of Vertebrate Design.* University of Chicago Press, 1987. / 59

11. Mudança evolutiva gradual em uma série de fósseis. / Malmgren, B. A.; Berggren, W. A.; Lohmann, G. P. "Evidence for punctuated gradualism in the late Neogene globorotalia-tumida lineage of planktonic-foraminifera." *Paleobiology*, n. 4, ano 9, p. 377-389, 1983. / 60

12. Bicos dos tentilhões de Darwin. / Carlquist, S. *Island Biology.* Columbia University Press, 1974. Redesenhado por Bowman, R. I. *Evolution Patterns in Darwin's Finches.* Occasional Papers of the California Academy of Sciences, n. 44, 1963. / 68

13. Árvore filogenética dos tentilhões de Darwin e seus parentes. / Burns, K. J.; Hackett, S. J.; Klein, N. K. *Evolution.* Society for the Study of Evolution, 2002. / 69

14. Osso pneumático das asas de um abutre. / Young, J. Z. *The Life of Vertebrates.* Oxford University Press, 1962. / 72

15. A. Variedades cultivadas de repolhos. / B. Diferenças no tamanho e na forma de cães. / Curtis, H.; Barnes, N. S. *Biology.* 5. ed. Nova York: Worth, 1968 (repolhos). © David Allan Brandt/Stone/Getty Images (cães). / 75

16. Coração de um mamífero e seus vasos sanguíneos. / Curtis, H.; Barnes, N. S. *Biology,* 5. ed. Nova York: Worth, 1968. / 88

17. Um macho e uma fêmea da mesma espécie de pássaro-do-paraíso. / Darwin, Charles. *A origem do homem e a seleção sexual.* / 101

18. Deriva genética. / 120

19. A árvore da vida, baseada em comparações de sequências de DNA. / Wray, G. A. "Dating branches on the tree of life using DNA." *Genome Biology*, n. 3, 2001. / 124

20. Olhos de vários animais. / Rensch, B. *Evolution Above the Species Level,* © Columbia University Press, 1958. Reimpresso com permissão da editora. / 133

21. Castas de uma espécie de formiga. / Hölldobler, B.; Wilson, E. O. *Journey to the Ants.* Belknap Press/Harvard University Press, 1994. / 140

A editora e os autores pedem desculpas por quaisquer erros ou omissões na lista acima. Se contatados, terão prazer em retificar as informações tão logo seja possível.

Coleção L&PM POCKET

- Catálogo geral da Coleção
- Poesias – Fernando Pessoa
- O livro dos sonetos – org. Sergio Faraco
- Hamlet – Shakespeare / trad. Millôr
- Isadora, frag. autobiográficos – Isadora Duncan
- Histórias sicilianas – G. Lampedusa
- O relato de Arthur Gordon Pym – Edgar A. Poe
- A mulher mais linda da cidade – Bukowski
- O fim de Montezuma – Hernan Cortez
10. A ninfomania – D. T. Bienville
11. As aventuras de Robinson Crusoé – D. Defoe
12. Histórias de amor – A. Bioy Casares
13. Armadilha mortal – Roberto Arlt
14. Contos de fantasmas – Daniel Defoe
15. Os pintores cubistas – G. Apollinaire
16. A morte de Ivan Ilitch – L. Tolstói
17. A desobediência civil – D. H. Thoreau
18. Liberdade, liberdade – F. Rangel e M. Fernandes
19. Cem sonetos de amor – Pablo Neruda
20. Mulheres – Eduardo Galeano
21. Cartas a Théo – Van Gogh
22. Don Juan – Molière / Trad. Millôr Fernandes
23. Horla – Guy de Maupassant
24. O caso de Charles Dexter Ward – Lovecraft
25. Vathek – William Beckford
26. Hai-Kais – Millôr Fernandes
27. Adeus, minha adorada – Raymond Chandler
28. Cartas portuguesas – Mariana Alcoforado
29. A mensageira das violetas – Florbela Espanca
30. Espumas flutuantes – Castro Alves
31. Dom Casmurro – Machado de Assis
32. Alves & Cia. – Eça de Queiroz
33. Uma temporada no inferno – A. Rimbaud
34. A corresp. de Fradique Mendes – Eça de Queiroz
35. Antologia poética – Olavo Bilac
36. O rei Lear – Shakespeare
37. Memórias póstumas de Brás Cubas – Machado de Assis
38. Que loucura! – Woody Allen
39. O duelo – Casanova
40. Gentidades – Darcy Ribeiro
41. Memórias de um Sargento de Milícias – Manuel Antônio de Almeida
42. Os escravos – Castro Alves
43. O desejo pego pelo rabo – Pablo Picasso
44. Os inimigos – Máximo Gorki
45. O colar de veludo – Alexandre Dumas
46. Livro dos bichos – Vários
47. Quincas Borba – Machado de Assis
48. O exército de um homem só – Moacyr Scliar
49. Frankenstein – Mary Shelley
50. Dom Segundo Sombra – Ricardo Güiraldes
51. De vagões e vagabundos – Jack London
52. O homem bicentenário – Isaac Asimov
53. A viuvinha – José de Alencar
54. Livro das cortesãs – org. de Sergio Faraco
60. Últimos poemas – Pablo Neruda
61. A moreninha – Joaquim Manuel de Macedo
62. Cinco minutos – José de Alencar
63. Saber envelhecer e a amizade – Cícero
64. Enquanto a noite não chega – J. Guimarães
65. Tufão – Joseph Conrad
66. Aurélia – Gérard de Nerval
67. I-Juca-Pirama – Gonçalves Dias
68. Fábulas – Esopo
69. Teresa Filósofa – Anônimo do Séc. XVIII
70. Avent. inéditas de Sherlock Holmes – Arthur Conan Doyle
71. Quintana de bolso – Mario Quintana
72. Antes e depois – Paul Gauguin
73. A morte de Olivier Bécaille – Émile Zola
74. Iracema – José de Alencar
75. Iaiá Garcia – Machado de Assis
76. Utopia – Tomás Morus
77. Sonetos para amar o amor – Camões
78. Carmem – Prosper Mérimée
79. Senhora – José de Alencar
80. Hagar, o horrível 1 – Dik Browne
81. O coração das trevas – Joseph Conrad
82. Um estudo em vermelho – Arthur Conan Doyle
83. Todos os sonetos – Augusto dos Anjos
84. A propriedade é um roubo – P.-J. Proudhon
85. Drácula – Bram Stoker
86. O marido complacente – Sade
87. De profundis – Oscar Wilde
88. Sem plumas – Woody Allen
89. Os bruzundangas – Lima Barreto
90. O cão dos Baskervilles – Arthur Conan Doyle
91. Paraísos artificiais – Charles Baudelaire
92. Cândido, ou o otimismo – Voltaire
93. Triste fim de Policarpo Quaresma – Lima Barreto
94. Amor de perdição – Camilo Castelo Branco
95. A megera domada – Shakespeare / trad. Millôr
96. O mulato – Aluísio Azevedo
97. O alienista – Machado de Assis
98. O livro dos sonhos – Jack Kerouac
99. Noite na taverna – Álvares de Azevedo
100. Aura – Carlos Fuentes
102. Contos gauchescos e Lendas do sul – Simões Lopes Neto
103. O cortiço – Aluísio Azevedo
104. Marília de Dirceu – T. A. Gonzaga
105. O Primo Basílio – Eça de Queiroz
106. O ateneu – Raul Pompéia
107. Um escândalo na Boêmia – Arthur Conan Doyle
108. Contos – Machado de Assis
109. 200 Sonetos – Luis Vaz de Camões
110. O príncipe – Maquiavel
111. A escrava Isaura – Bernardo Guimarães
112. O solteirão nobre – Conan Doyle
114. Shakespeare de A a Z – Shakespeare

115. **A relíquia** – Eça de Queiroz
117. **Livro do corpo** – Vários
118. **Lira dos 20 anos** – Álvares de Azevedo
119. **Esaú e Jacó** – Machado de Assis
120. **A barcarola** – Pablo Neruda
121. **Os conquistadores** – Júlio Verne
122. **Contos breves** – G. Apollinaire
123. **Taipi** – Herman Melville
124. **Livro dos desaforos** – org. de Sergio Faraco
125. **A mão e a luva** – Machado de Assis
126. **Doutor Miragem** – Moacyr Scliar
127. **O penitente** – Isaac B. Singer
128. **Diários da descoberta da América** – Cristóvão Colombo
129. **Édipo Rei** – Sófocles
130. **Romeu e Julieta** – Shakespeare
131. **Hollywood** – Bukowski
132. **Billy the Kid** – Pat Garrett
133. **Cuca fundida** – Woody Allen
134. **O jogador** – Dostoiévski
135. **O livro da selva** – Rudyard Kipling
136. **O vale do terror** – Arthur Conan Doyle
137. **Dançar tango em Porto Alegre** – S. Faraco
138. **O gaúcho** – Carlos Reverbel
139. **A volta ao mundo em oitenta dias** – J. Verne
140. **O livro dos esnobes** – W. M. Thackeray
141. **Amor & morte em Poodle Springs** – Raymond Chandler & R. Parker
142. **As aventuras de David Balfour** – Stevenson
143. **Alice no país das maravilhas** – Lewis Carroll
144. **A ressurreição** – Machado de Assis
145. **Inimigos, uma história de amor** – I. Singer
146. **O Guarani** – José de Alencar
147. **A cidade e as serras** – Eça de Queiroz
148. **Eu e outras poesias** – Augusto dos Anjos
149. **A mulher de trinta anos** – Balzac
150. **Pomba enamorada** – Lygia F. Telles
151. **Contos fluminenses** – Machado de Assis
152. **Antes de Adão** – Jack London
153. **Intervalo amoroso** – A.Romano de Sant'Anna
154. **Memorial de Aires** – Machado de Assis
155. **Naufrágios e comentários** – Cabeza de Vaca
156. **Ubirajara** – José de Alencar
157. **Textos anarquistas** – Bakunin
159. **Amor de salvação** – Camilo Castelo Branco
160. **O gaúcho** – José de Alencar
161. **O livro das maravilhas** – Marco Polo
162. **Inocência** – Visconde de Taunay
163. **Helena** – Machado de Assis
164. **Uma estação de amor** – Horácio Quiroga
165. **Poesia reunida** – Martha Medeiros
166. **Memórias de Sherlock Holmes** – Conan Doyle
167. **A vida de Mozart** – Stendhal
168. **O primeiro terço** – Neal Cassady
169. **O mandarim** – Eça de Queiroz
170. **Um espinho de marfim** – Marina Colasanti
171. **A ilustre Casa de Ramires** – Eça de Queiroz
172. **Lucíola** – José de Alencar
173. **Antígona** – Sófocles – trad. Donaldo Schüler
174. **Otelo** – William Shakespeare
175. **Antologia** – Gregório de Matos
176. **A liberdade de imprensa** – Karl Marx
177. **Casa de pensão** – Aluísio Azevedo
178. **São Manuel Bueno, Mártir** – Unamuno
179. **Primaveras** – Casimiro de Abreu
180. **O noviço** – Martins Pena
181. **O sertanejo** – José de Alencar
182. **Eurico, o presbítero** – Alexandre Herculano
183. **O signo dos quatro** – Conan Doyle
184. **Sete anos no Tibet** – Heinrich Harrer
185. **Vagamundo** – Eduardo Galeano
186. **De repente acidentes** – Carl Solomon
187. **As minas de Salomão** – Rider Haggar
188. **Uivo** – Allen Ginsberg
189. **A ciclista solitária** – Conan Doyle
190. **Os seis bustos de Napoleão** – Conan Doyle
191. **Cortejo do divino** – Nelida Piñon
194. **Os crimes do amor** – Marquês de Sade
195. **Besame Mucho** – Mário Prata
196. **Tuareg** – Alberto Vázquez-Figueroa
197. **O longo adeus** – Raymond Chandler
199. **Notas de um velho safado** – Bukowski
200. **111 ais** – Dalton Trevisan
201. **O nariz** – Nicolai Gogol
202. **O capote** – Nicolai Gogol
203. **Macbeth** – William Shakespeare
204. **Heráclito** – Donaldo Schüler
205. **Você deve desistir, Osvaldo** – Cyro Martins
206. **Memórias de Garibaldi** – A. Dumas
207. **A arte da guerra** – Sun Tzu
208. **Fragmentos** – Caio Fernando Abreu
209. **Festa no castelo** – Moacyr Scliar
210. **O grande deflorador** – Dalton Trevisan
212. **Homem do princípio ao fim** – Millôr Fernandes
213. **Aline e seus dois namorados (1)** – A. Iturrusgarai
214. **A juba do leão** – Sir Arthur Conan Doyle
215. **Assassino metido a esperto** – R. Chandler
216. **Confissões de um comedor de ópio** – Thoma De Quincey
217. **Os sofrimentos do jovem Werther** – Goethe
218. **Fedra** – Racine / Trad. Millôr Fernandes
219. **O vampiro de Sussex** – Conan Doyle
220. **Sonho de uma noite de verão** – Shakespeare
221. **Dias e noites de amor e de guerra** – Galeano
222. **O Profeta** – Khalil Gibran
223. **Flávia, cabeça, tronco e membros** – M. Fernandes
224. **Guia da ópera** – Jeanne Suhamy
225. **Macário** – Álvares de Azevedo
226. **Etiqueta na prática** – Celia Ribeiro
227. **Manifesto do partido comunista** – Marx & Engels
228. **Poemas** – Millôr Fernandes
229. **Um inimigo do povo** – Henrik Ibsen
230. **O paraíso destruído** – Frei B. de las Casas
231. **O gato no escuro** – Josué Guimarães
232. **O mágico de Oz** – L. Frank Baum
233. **Armas no Cyrano's** – Raymond Chandler
234. **Max e os felinos** – Moacyr Scliar
235. **Nos céus de Paris** – Alcy Cheuiche
236. **Os bandoleiros** – Schiller

237. **A primeira coisa que eu botei na boca** – Deonísio da Silva
238. **As aventuras de Simbad, o marújo**
239. **O retrato de Dorian Gray** – Oscar Wilde
240. **A carteira de meu tio** – J. Manuel de Macedo
241. **A luneta mágica** – J. Manuel de Macedo
242. **A metamorfose** – Kafka
243. **A flecha de ouro** – Joseph Conrad
244. **A ilha do tesouro** – R. L. Stevenson
245. **Marx - Vida & Obra** – José A. Giannotti
246. **Gênesis**
247. **Unidos para sempre** – Ruth Rendell
248. **A arte de amar** – Ovídio
249. **O sono eterno** – Raymond Chandler
250. **Novas receitas do Anonymus Gourmet** – J.A.P.M.
251. **A nova catacumba** – Arthur Conan Doyle
252. **Dr. Negro** – Arthur Conan Doyle
253. **Os voluntários** – Moacyr Scliar
254. **A bela adormecida** – Irmãos Grimm
255. **O príncipe sapo** – Irmãos Grimm
256. **Confissões *e* Memórias** – H. Heine
257. **Viva o Alegrete** – Sergio Faraco
258. **Vou estar esperando** – R. Chandler
259. **A senhora Beate e seu filho** – Schnitzler
260. **O ovo apunhalado** – Caio Fernando Abreu
261. **O ciclo das águas** – Moacyr Scliar
262. **Millôr Definitivo** – Millôr Fernandes
264. **Viagem ao centro da Terra** – Júlio Verne
265. **A dama do lago** – Raymond Chandler
266. **Caninos brancos** – Jack London
267. **O médico e o monstro** – R. L. Stevenson
268. **A tempestade** – William Shakespeare
269. **Assassinatos na rua Morgue** – E. Allan Poe
270. **99 corruíras nanicas** – Dalton Trevisan
271. **Broquéis** – Cruz e Sousa
272. **Mês de cães danados** – Moacyr Scliar
273. **Anarquistas – vol. 1 – A idéia** – G.Woodcock
274. **Anarquistas – vol. 2 – O movimento** – G.Woodcock
275. **Pai e filho, filho e pai** – Moacyr Scliar
276. **As aventuras de Tom Sawyer** – Mark Twain
277. **Muito barulho por nada** – W. Shakespeare
278. **Elogio da loucura** – Erasmo
279. **Autobiografia de Alice B. Toklas** – G. Stein
280. **O chamado da floresta** – J. London
281. **Uma agulha para o diabo** – Ruth Rendell
282. **Verdes vales do fim do mundo** – A. Bivar
283. **Ovelhas negras** – Caio Fernando Abreu
284. **O fantasma de Canterville** – O. Wilde
285. **Receitas de Yayá Ribeiro** – Celia Ribeiro
286. **A galinha degolada** – H. Quiroga
287. **O último adeus de Sherlock Holmes** – A. Conan Doyle
288. **A. Gourmet *em* Histórias de cama & mesa** – J. A. Pinheiro Machado
289. **Topless** – Martha Medeiros
290. **Mais receitas do Anonymus Gourmet** – J. A. Pinheiro Machado
291. **Origens do discurso democrático** – D. Schüler
292. **Humor politicamente incorreto** – Nani
293. **O teatro do bem e do mal** – E. Galeano
294. **Garibaldi & Manoela** – J. Guimarães
295. **10 dias que abalaram o mundo** – John Reed
296. **Numa fria** – Bukowski
297. **Poesia de Florbela Espanca** vol. 1
298. **Poesia de Florbela Espanca** vol. 2
299. **Escreva certo** – E. Oliveira e M. E. Bernd
300. **O vermelho e o negro** – Stendhal
301. **Ecce homo** – Friedrich Nietzsche
302(7). **Comer bem, sem culpa** – Dr. Fernando Lucchese, A. Gourmet e Iotti
303. **O livro de Cesário Verde** – Cesário Verde
304. **100 receitas de macarrão** – S. Lancellotti
306. **160 receitas de molhos** – S. Lancellotti
307. **100 receitas light** – H. e Â. Tonetto
308. **100 receitas de sobremesas** – Celia Ribeiro
309. **Mais de 100 dicas de churrasco** – Leon Diziekaniak
310. **100 receitas de acompanhamentos** – C. Cabeda
311. **Honra ou vendetta** – S. Lancellotti
312. **A alma do homem sob o socialismo** – Oscar Wilde
313. **Tudo sobre Yôga** – Mestre De Rose
314. **Os varões assinalados** – Tabajara Ruas
315. **Édipo em Colono** – Sófocles
316. **Lisístrata** – Aristófanes / trad. Millôr
317. **Sonhos de Bunker Hill** – John Fante
318. **Os deuses de Raquel** – Moacyr Scliar
319. **O colosso de Marússia** – Henry Miller
320. **As eruditas** – Molière / trad. Millôr
321. **Radicci 1** – Iotti
322. **Os Sete contra Tebas** – Ésquilo
323. **Brasil Terra à vista** – Eduardo Bueno
324. **Radicci 2** – Iotti
325. **Júlio César** – William Shakespeare
326. **A carta de Pero Vaz de Caminha**
327. **Cozinha Clássica** – Sílvio Lancellotti
328. **Madame Bovary** – Gustave Flaubert
329. **Dicionário do viajante insólito** – M. Scliar
330. **O capitão saiu para o almoço...** – Bukowski
331. **A carta roubada** – Edgar Allan Poe
332. **É tarde para saber** – Josué Guimarães
333. **O livro de bolso da Astrologia** – Maggy Harrisonx e Mellina Li
334. **1933 foi um ano ruim** – John Fante
335. **100 receitas de arroz** – Aninha Comas
336. **Guia prático do Português correto – vol. 1** – Cláudio Moreno
337. **Bartleby, o escriturário** – H. Melville
338. **Enterrem meu coração na curva do rio** – Dee Brown
339. **Um conto de Natal** – Charles Dickens
340. **Cozinha sem segredos** – J. A. P. Machado
341. **A dama das Camélias** – A. Dumas Filho
342. **Alimentação saudável** – H. e Â. Tonetto
343. **Continhos galantes** – Dalton Trevisan
344. **A Divina Comédia** – Dante Alighieri
345. **A Dupla Sertanojo** – Santiago
346. **Cavalos do amanhecer** – Mario Arregui
347. **Biografia de Vincent van Gogh por sua cunhada** – Jo van Gogh-Bonger

348. **Radicci 3** – Iotti
349. **Nada de novo no front** – E. M. Remarque
350. **A hora dos assassinos** – Henry Miller
351. **Flush – Memórias de um cão** – Virginia Woolf
352. **A guerra no Bom Fim** – M. Scliar
353(1).**O caso Saint-Fiacre** – Simenon
354(2).**Morte na alta sociedade** – Simenon
355(3).**O cão amarelo** – Simenon
356(4).**Maigret e o homem do banco** – Simenon
357.**As uvas e o vento** – Pablo Neruda
358.**On the road** – Jack Kerouac
359.**O coração amarelo** – Pablo Neruda
360.**Livro das perguntas** – Pablo Neruda
361.**Noite de Reis** – William Shakespeare
362.**Manual de Ecologia** – vol.1 – J. Lutzenberger
363.**O mais longo dos dias** – Cornelius Ryan
364.**Foi bom prá você?** – Nani
365.**Crepusculário** – Pablo Neruda
366.**A comédia dos erros** – Shakespeare
367(5).**A primeira investigação de Maigret** – Simenon
368(6).**As férias de Maigret** – Simenon
369.**Mate-me por favor (vol.1)** – L. McNeil
370.**Mate-me por favor (vol.2)** – L. McNeil
371.**Carta ao pai** – Kafka
372.**Os vagabundos iluminados** – J. Kerouac
373(7).**O enforcado** – Simenon
374(8).**A fúria de Maigret** – Simenon
375.**Vargas, uma biografia política** – H. Silva
376.**Poesia reunida (vol.1)** – A. R. de Sant'Anna
377.**Poesia reunida (vol.2)** – A. R. de Sant'Anna
378.**Alice no país do espelho** – Lewis Carroll
379.**Residência na Terra 1** – Pablo Neruda
380.**Residência na Terra 2** – Pablo Neruda
381.**Terceira Residência** – Pablo Neruda
382.**O delírio amoroso** – Bocage
383.**Futebol ao sol e à sombra** – E. Galeano
384(9).**O porto das brumas** – Simenon
385(10).**Maigret e seu morto** – Simenon
386.**Radicci 4** – Iotti
387.**Boas maneiras & sucesso nos negócios** – Celia Ribeiro
388.**Uma história Farroupilha** – M. Scliar
389.**Na mesa ninguém envelhece** – J. A. Pinheiro Machado
390.**200 receitas inéditas do Anonymus Gourmet** – J. A. Pinheiro Machado
391.**Guia prático do Português correto – vol.2** – Cláudio Moreno
392.**Breviário das terras do Brasil** – Assis Brasil
393.**Cantos Cerimoniais** – Pablo Neruda
394.**Jardim de Inverno** – Pablo Neruda
395.**Antonio e Cleópatra** – William Shakespeare
396.**Tróia** – Cláudio Moreno
397.**Meu tio matou um cara** – Jorge Furtado
398.**O anatomista** – Federico Andahazi
399.**As viagens de Gulliver** – Jonathan Swift
400.**Dom Quixote** – (v. 1) – Miguel de Cervantes
401.**Dom Quixote** – (v. 2) – Miguel de Cervantes
402.**Sozinho no Pólo Norte** – Thomaz Brandolin
403.**Matadouro 5** – Kurt Vonnegut
404.**Delta de Vênus** – Anaïs Nin
405.**O melhor de Hagar 2** – Dik Browne
406.**É grave Doutor?** – Nani
407.**Orai pornô** – Nani
408(11).**Maigret em Nova York** – Simenon
409(12).**O assassino sem rosto** – Simenon
410(13).**O mistério das jóias roubadas** – Simenon
411.**A irmãzinha** – Raymond Chandler
412.**Três contos** – Gustave Flaubert
413.**De ratos e homens** – John Steinbeck
414.**Lazarilho de Tormes** – Anônimo do séc. XVI
415.**Triângulo das águas** – Caio Fernando Abreu
416.**100 receitas de carnes** – Sílvio Lancellotti
417.**Histórias de robôs:** vol. 1 – org. Isaac Asimov
418.**Histórias de robôs:** vol. 2 – org. Isaac Asimov
419.**Histórias de robôs:** vol. 3 – org. Isaac Asimov
420.**O país dos centauros** – Tabajara Ruas
421.**A república de Anita** – Tabajara Ruas
422.**A carga dos lanceiros** – Tabajara Ruas
423.**Um amigo de Kafka** – Isaac Singer
424.**As alegres matronas de Windsor** – Shakespeare
425.**Amor e exílio** – Isaac Bashevis Singer
426.**Use & abuse do seu signo** – Marília Fiorillo e Marylou Simonsen
427.**Pigmaleão** – Bernard Shaw
428.**As fenícias** – Eurípides
429.**Everest** – Thomaz Brandolin
430.**A arte de furtar** – Anônimo do séc. XVI
431.**Billy Bud** – Herman Melville
432.**A rosa separada** – Pablo Neruda
433.**Elegia** – Pablo Neruda
434.**A garota de Cassidy** – David Goodis
435.**Como fazer a guerra: máximas de Napoleão** – Balzac
436.**Poemas escolhidos** – Emily Dickinson
437.**Gracias por el fuego** – Mario Benedetti
438.**O sofá** – Crébillon Fils
439.**O "Martín Fierro"** – Jorge Luis Borges
440.**Trabalhos de amor perdidos** – W. Shakespeare
441.**O melhor de Hagar 3** – Dik Browne
442.**Os Maias (volume1)** – Eça de Queiroz
443.**Os Maias (volume2)** – Eça de Queiroz
444.**Anti-Justine** – Restif de La Bretonne
445.**Juventude** – Joseph Conrad
446.**Contos** – Eça de Queiroz
447.**Janela para a morte** – Raymond Chandler
448.**Um amor de Swann** – Marcel Proust
449.**À paz perpétua** – Immanuel Kant
450.**A conquista do México** – Hernan Cortez
451.**Defeitos escolhidos e 2000** – Pablo Neruda
452.**O casamento do céu e do inferno** – William Blake
453.**A primeira viagem ao redor do mundo** – Antonio Pigafetta
454(14).**Uma sombra na janela** – Simenon
455(15).**A noite da encruzilhada** – Simenon
456(16).**A velha senhora** – Simenon
457.**Sartre** – Annie Cohen-Solal

458. **Discurso do método** – René Descartes
459. **Garfield em grande forma (1)** – Jim Davis
460. **Garfield está de dieta** (2) – Jim Davis
461. **O livro das feras** – Patricia Highsmith
462. **Viajante solitário** – Jack Kerouac
463. **Auto da barca do inferno** – Gil Vicente
464. **O livro vermelho dos pensamentos de Millôr** – Millôr Fernandes
465. **O livro dos abraços** – Eduardo Galeano
466. **Voltaremos!** – José Antonio Pinheiro Machado
467. **Rango** – Edgar Vasques
468(8). **Dieta mediterrânea** – Dr. Fernando Lucchese e José Antonio Pinheiro Machado
469. **Radicci 5** – Iotti
470. **Pequenos pássaros** – Anaïs Nin
471. **Guia prático do Português correto – vol.3** – Cláudio Moreno
472. **Atire no pianista** – David Goodis
473. **Antologia Poética** – García Lorca
474. **Alexandre e César** – Plutarco
475. **Uma espiã na casa do amor** – Anaïs Nin
476. **A gorda do Tiki Bar** – Dalton Trevisan
477. **Garfield um gato de peso (3)** – Jim Davis
478. **Canibais** – David Coimbra
479. **A arte de escrever** – Arthur Schopenhauer
480. **Pinóquio** – Carlo Collodi
481. **Misto-quente** – Bukowski
482. **A lua na sarjeta** – David Goodis
483. **O melhor do Recruta Zero (1)** – Mort Walker
484. **Aline: TPM – tensão pré-monstrual (2)** – Adão Iturrusgarai
485. **Sermões do Padre Antonio Vieira**
486. **Garfield numa boa (4)** – Jim Davis
487. **Mensagem** – Fernando Pessoa
488. **Vendeta** *seguido de* **A paz conjugal** – Balzac
489. **Poemas de Alberto Caeiro** – Fernando Pessoa
490. **Ferragus** – Honoré de Balzac
491. **A duquesa de Langeais** – Honoré de Balzac
492. **A menina dos olhos de ouro** – Honoré de Balzac
493. **O lírio do vale** – Honoré de Balzac
494(17). **A barcaça da morte** – Simenon
495(18). **As testemunhas rebeldes** – Simenon
496(19). **Um engano de Maigret** – Simenon
497(1). **A noite das bruxas** – Agatha Christie
498(2). **Um passe de mágica** – Agatha Christie
499(3). **Nêmesis** – Agatha Christie
500. **Esboço para uma teoria das emoções** – Sartre
501. **Renda básica de cidadania** – Eduardo Suplicy
502(1). **Pílulas para viver melhor** – Dr. Lucchese
503(2). **Pílulas para prolongar a juventude** – Dr. Lucchese
504(3). **Desembarcando o diabetes** – Dr. Lucchese
505(4). **Desembarcando o sedentarismo** – Dr. Fernando Lucchese e Cláudio Castro
506(5). **Desembarcando a hipertensão** – Dr. Lucchese
507(6). **Desembarcando o colesterol** – Dr. Fernando Lucchese e Fernanda Lucchese
508. **Estudos de mulher** – Balzac
509. **O terceiro tira** – Flann O'Brien
510. **100 receitas de aves e ovos** – J. A. P. Machado
511. **Garfield em toneladas de diversão (5)** – Jim Davis
512. **Trem-bala** – Martha Medeiros
513. **Os cães ladram** – Truman Capote
514. **O Kama Sutra de Vatsyayana**
515. **O crime do Padre Amaro** – Eça de Queiroz
516. **Odes de Ricardo Reis** – Fernando Pessoa
517. **O inverno da nossa desesperança** – Steinbeck
518. **Piratas do Tietê (1)** – Laerte
519. **Rê Bordosa: do começo ao fim** – Angeli
520. **O Harlem é escuro** – Chester Himes
521. **Café-da-manhã dos campeões** – Kurt Vonnegut
522. **Eugénie Grandet** – Balzac
523. **O último magnata** – F. Scott Fitzgerald
524. **Carol** – Patricia Highsmith
525. **100 receitas de patisserie** – Sílvio Lancellotti
526. **O fator humano** – Graham Greene
527. **Tristessa** – Jack Kerouac
528. **O diamante do tamanho do Ritz** – Scott Fitzgerald
529. **As melhores histórias de Sherlock Holmes** – Arthur Conan Doyle
530. **Cartas a um jovem poeta** – Rilke
531(20). **Memórias de Maigret** – Simenon
532(4). **O misterioso sr. Quin** – Agatha Christie
533. **Os analectos** – Confúcio
534(21). **Maigret e os homens de bem** – Simenon
535(22). **O medo de Maigret** – Simenon
536. **Ascensão e queda de César Birotteau** – Balzac
537. **Sexta-feira negra** – David Goodis
538. **Ora bolas – O humor de Mario Quintana** – Juarez Fonseca
539. **Longe daqui aqui mesmo** – Antonio Bivar
540(5). **É fácil matar** – Agatha Christie
541. **O pai Goriot** – Balzac
542. **Brasil, um país do futuro** – Stefan Zweig
543. **O processo** – Kafka
544. **O melhor de Hagar 4** – Dik Browne
545(6). **Por que não pediram a Evans?** – Agatha Christie
546. **Fanny Hill** – John Cleland
547. **O gato por dentro** – William S. Burroughs
548. **Sobre a brevidade da vida** – Sêneca
549. **Geraldão (1)** – Glauco
550. **Piratas do Tietê (2)** – Laerte
551. **Pagando o pato** – Ciça
552. **Garfield de bom humor (6)** – Jim Davis
553. **Conhece o Mário?** vol.1 – Santiago
554. **Radicci 6** – Iotti
555. **Os subterrâneos** – Jack Kerouac
556(1). **Balzac** – François Taillandier
557(2). **Modigliani** – Christian Parisot
558(3). **Kafka** – Gérard-Georges Lemaire
559(4). **Júlio César** – Joël Schmidt
560. **Receitas da família** – J. A. Pinheiro Machado
561. **Boas maneiras à mesa** – Celia Ribeiro
562(9). **Filhos sadios, pais felizes** – R. Pagnoncelli

563(10).**Fatos & mitos** – Dr. Fernando Lucchese
564.**Ménage à trois** – Paula Taitelbaum
565.**Mulheres!** – David Coimbra
566.**Poemas de Álvaro de Campos** – Fernando Pessoa
567.**Medo e outras histórias** – Stefan Zweig
568.**Snoopy e sua turma (1)** – Schulz
569.**Piadas para sempre (1)** – Visconde da Casa Verde
570.**O alvo móvel** – Ross Macdonald
571.**O melhor do Recruta Zero (2)** – Mort Walker
572.**Um sonho americano** – Norman Mailer
573.**Os broncos também amam** – Angeli
574.**Crônica de um amor louco** – Bukowski
575(5).**Freud** – René Major e Chantal Talagrand
576(6).**Picasso** – Gilles Plazy
577(7).**Gandhi** – Christine Jordis
578.**A tumba** – H. P. Lovecraft
579.**O príncipe e o mendigo** – Mark Twain
580.**Garfield, um charme de gato (7)** – Jim Davis
581.**Ilusões perdidas** – Balzac
582.**Esplendores e misérias das cortesãs** – Balzac
583.**Walter Ego** – Angeli
584.**Striptiras (1)** – Laerte
585.**Fagundes: um puxa-saco de mão cheia** – Laerte
586.**Depois do último trem** – Josué Guimarães
587.**Ricardo III** – Shakespeare
588.**Dona Anja** – Josué Guimarães
589.**24 horas na vida de uma mulher** – Stefan Zweig
590.**O terceiro homem** – Graham Greene
591.**Mulher no escuro** – Dashiell Hammett
592.**No que acredito** – Bertrand Russell
593.**Odisséia (1): Telemaquia** – Homero
594.**O cavalo cego** – Josué Guimarães
595.**Henrique V** – Shakespeare
596.**Fabulário geral do delírio cotidiano** – Bukowski
597.**Tiros na noite 1: A mulher do bandido** – Dashiell Hammett
598.**Snoopy em Feliz Dia dos Namorados! (2)** – Schulz
599.**Mas não se matam cavalos?** – Horace McCoy
600.**Crime e castigo** – Dostoiévski
601(7).**Mistério no Caribe** – Agatha Christie
602.**Odisséia (2): Regresso** – Homero
603.**Piadas para sempre (2)** – Visconde da Casa Verde
604.**À sombra do vulcão** – Malcolm Lowry
605(8).**Kerouac** – Yves Buin
606.**E agora são cinzas** – Angeli
607.**As mil e uma noites** – Paulo Caruso
608.**Um assassino entre nós** – Ruth Rendell
609.**Crack-up** – F. Scott Fitzgerald
610.**Do amor** – Stendhal
611.**Cartas do Yage** – William Burroughs e Allen Ginsberg
612.**Striptiras (2)** – Laerte
613.**Henry & June** – Anaïs Nin
614.**A piscina mortal** – Ross Macdonald
615.**Geraldão (2)** – Glauco
616.**Tempo de delicadeza** – A. R. de Sant'Anna
617.**Tiros na noite 2: Medo de tiro** – Dashiell Hammett
618.**Snoopy em Assim é a vida, Charlie Brown (3)** – Schulz
619.**1954 – Um tiro no coração** – Hélio Silva
620.**Sobre a inspiração poética (Íon)** e ... – Platão
621.**Garfield e seus amigos (8)** – Jim Davis
622.**Odisséia (3): Ítaca** – Homero
623.**A louca matança** – Chester Himes
624.**Factótum** – Bukowski
625.**Guerra e Paz: volume 1** – Tolstói
626.**Guerra e Paz: volume 2** – Tolstói
627.**Guerra e Paz: volume 3** – Tolstói
628.**Guerra e Paz: volume 4** – Tolstói
629(9).**Shakespeare** – Claude Mourthé
630.**Bem está o que bem acaba** – Shakespeare
631.**O contrato social** – Rousseau
632.**Geração Beat** – Jack Kerouac
633.**Snoopy: É Natal! (4)** – Charles Schulz
634(8).**Testemunha da acusação** – Agatha Christie
635.**Um elefante no caos** – Millôr Fernandes
636.**Guia de leitura (100 autores que você precisa ler)** – Organização de Léa Masina
637.**Pistoleiros também mandam flores** – Davi Coimbra
638.**O prazer das palavras** – vol. 1 – Cláudio Moreno
639.**O prazer das palavras** – vol. 2 – Cláudio Moreno
640.**Novíssimo testamento: com Deus e o diabo, a dupla da criação** – Iotti
641.**Literatura Brasileira: modos de usar** – Luís Augusto Fischer
642.**Dicionário de Porto-Alegrês** – Luís A. Fischer
643.**Clô Dias & Noites** – Sérgio Jockymann
644.**Memorial de Isla Negra** – Pablo Neruda
645.**Um homem extraordinário e outras histórias** – Tchékhov
646.**Ana sem terra** – Alcy Cheuiche
647.**Adultérios** – Woody Allen
648.**Para sempre ou nunca mais** – R. Chandler
649.**Nosso homem em Havana** – Graham Greene
650.**Dicionário Caldas Aulete de Bolso**
651.**Snoopy: Posso fazer uma pergunta, professora? (5)** – Charles Schulz
652(10).**Luís XVI** – Bernard Vincent
653.**O mercador de Veneza** – Shakespeare
654.**Cancioneiro** – Fernando Pessoa
655.**Non-Stop** – Martha Medeiros
656.**Carpinteiros, levantem bem alto a cumeeira & Seymour, uma apresentação** – J.D.Salinger
657.**Ensaios céticos** – Bertrand Russell
658.**O melhor de Hagar 5** – Dik e Chris Browne
659.**Primeiro amor** – Ivan Turguêniev
660.**A trégua** – Mario Benedetti
661.**Um parque de diversões da cabeça** – Lawrence Ferlinghetti
662.**Aprendendo a viver** – Sêneca
663.**Garfield, um gato em apuros (9)** – Jim Davis

664. **Dilbert 1** – Scott Adams
665. **Dicionário de dificuldades** – Domingos Paschoal Cegalla
666. **A imaginação** – Jean-Paul Sartre
667. **O ladrão e os cães** – Naguib Mahfuz
668. **Gramática do português contemporâneo** – Celso Cunha
669. **A volta do parafuso** *seguido de* **Daisy Miller** – Henry James
670. **Notas do subsolo** – Dostoiévski
671. **Abobrinhas da Brasilônia** – Glauco
672. **Geraldão (3)** – Glauco
673. **Piadas para sempre (3)** – Visconde da Casa Verde
674. **Duas viagens ao Brasil** – Hans Staden
675. **Bandeira de bolso** – Manuel Bandeira
676. **A arte da guerra** – Maquiavel
677. **Além do bem e do mal** – Nietzsche
678. **O coronel Chabert** *seguido de* **A mulher abandonada** – Balzac
679. **O sorriso de marfim** – Ross Macdonald
680. **100 receitas de pescados** – Silvio Lancellotti
681. **O juiz e seu carrasco** – Friedrich Dürrenmatt
682. **Noites brancas** – Dostoiévski
683. **Quadras ao gosto popular** – Fernando Pessoa
684. **Romanceiro da Inconfidência** – Cecília Meireles
685. **Kaos** – Millôr Fernandes
686. **A pele de onagro** – Balzac
687. **As ligações perigosas** – Choderlos de Laclos
688. **Dicionário de matemática** – Luiz Fernandes Cardoso
689. **Os Lusíadas** – Luís Vaz de Camões
690. (11).**Átila** – Éric Deschodt
691. **Um jeito tranquilo de matar** – Chester Himes
692. **A felicidade conjugal** *seguido de* **O diabo** – Tolstói
693. **Viagem de um naturalista ao redor do mundo** – vol. 1 – Charles Darwin
694. **Viagem de um naturalista ao redor do mundo** – vol. 2 – Charles Darwin
695. **Memórias da casa dos mortos** – Dostoiévski
696. **A Celestina** – Fernando de Rojas
697. **Snoopy: Como você é azarado, Charlie Brown! (6)** – Charles Schulz
698. **Dez (quase) amores** – Claudia Tajes
699. (9).**Poirot sempre espera** – Agatha Christie
700. **Cecília de bolso** – Cecília Meireles
701. **Apologia de Sócrates** *precedido de* **Êutifron e** *seguido de* **Críton** – Platão
702. **Wood & Stock** – Angeli
703. **Striptiras (3)** – Laerte
704. **Discurso sobre a origem e os fundamentos da desigualdade entre os homens** – Rousseau
705. **Os duelistas** – Joseph Conrad
706. **Dilbert (2)** – Scott Adams
707. **Viver e escrever** (vol. 1) – Edla van Steen
708. **Viver e escrever** (vol. 2) – Edla van Steen
709. **Viver e escrever** (vol. 3) – Edla van Steen
710. (10).**A teia da aranha** – Agatha Christie
711. **O banquete** – Platão
712. **Os belos e malditos** – F. Scott Fitzgerald
713. **Libelo contra a arte moderna** – Salvador Dalí
714. **Akropolis** – Valerio Massimo Manfredi
715. **Devoradores de mortos** – Michael Crichton
716. **Sob o sol da Toscana** – Frances Mayes
717. **Batom na cueca** – Nani
718. **Vida dura** – Claudia Tajes
719. **Carne trêmula** – Ruth Rendell
720. **Cris, a fera** – David Coimbra
721. **O anticristo** – Nietzsche
722. **Como um romance** – Daniel Pennac
723. **Emboscada no Forte Bragg** – Tom Wolfe
724. **Assédio sexual** – Michael Crichton
725. **O espírito do Zen** – Alan W. Watts
726. **Um bonde chamado desejo** – Tennessee Williams
727. **Como gostais** *seguido de* **Conto de inverno** – Shakespeare
728. **Tratado sobre a tolerância** – Voltaire
729. **Snoopy: Doces ou travessuras? (7)** – Charles Schulz
730. **Cardápios do Anonymus Gourmet** – J.A. Pinheiro Machado
731. **100 receitas com lata** – J.A. Pinheiro Machado
732. **Conhece o Mário?** vol.2 – Santiago
733. **Dilbert (3)** – Scott Adams
734. **História de um louco amor** *seguido de* **Passado amor** – Horacio Quiroga
735. (11).**Sexo: muito prazer** – Laura Meyer da Silva
736. (12).**Para entender o adolescente** – Dr. Ronald Pagnoncelli
737. (13).**Desembarcando a tristeza** – Dr. Fernando Lucchese
738. **Poirot e o mistério da arca espanhola & outras histórias** – Agatha Christie
739. **A última legião** – Valerio Massimo Manfredi
740. **As virgens suicidas** – Jeffrey Eugenides
741. **Sol nascente** – Michael Crichton
742. **Duzentos ladrões** – Dalton Trevisan
743. **Os devaneios do caminhante solitário** – Rousseau
744. **Garfield, o rei da preguiça (10)** – Jim Davis
745. **Os magnatas** – Charles R. Morris
746. **Pulp** – Charles Bukowski
747. **Enquanto agonizo** – William Faulkner
748. **Aline: viciada em sexo (3)** – Adão Iturrusgarai
749. **A dama do cachorrinho** – Anton Tchékhov
750. **Tito Andrônico** – Shakespeare
751. **Antologia poética** – Anna Akhmátova
752. **O melhor de Hagar 6** – Dik e Chris Browne
753. (12).**Michelangelo** – Nadine Sautel
754. **Dilbert (4)** – Scott Adams
755. **O jardim das cerejeiras** *seguido de* **Tio Vânia** – Tchékhov
756. **Geração Beat** – Claudio Willer
757. **Santos Dumont** – Alcy Cheuiche
758. **Budismo** – Claude B. Levenson
759. **Cleópatra** – Christian-Georges Schwentzel
760. **Revolução Francesa** – Frédéric Bluche, Stéphane Rials e Jean Tulard

761. **A crise de 1929** – Bernard Gazier
762. **Sigmund Freud** – Edson Sousa e Paulo Endo
763. **Império Romano** – Patrick Le Roux
764. **Cruzadas** – Cécile Morrisson
765. **O mistério do Trem Azul** – Agatha Christie
766. **Os escrúpulos de Maigret** – Simenon
767. **Maigret se diverte** – Simenon
768. **Senso comum** – Thomas Paine
769. **O parque dos dinossauros** – Michael Crichton
770. **Trilogia da paixão** – Goethe
771. **A simples arte de matar** (vol.1) – R. Chandler
772. **A simples arte de matar** (vol.2) – R. Chandler
773. **Snoopy: No mundo da lua! (8)** – Charles Schulz
774. **Os Quatro Grandes** – Agatha Christie
775. **Um brinde de cianureto** – Agatha Christie
776. **Súplicas atendidas** – Truman Capote
777. **Ainda restam aveleiras** – Simenon
778. **Maigret e o ladrão preguiçoso** – Simenon
779. **A viúva imortal** – Millôr Fernandes
780. **Cabala** – Roland Goetschel
781. **Capitalismo** – Claude Jessua
782. **Mitologia grega** – Pierre Grimal
783. **Economia: 100 palavras-chave** – Jean-Paul Betbèze
784. **Marxismo** – Henri Lefebvre
785. **Punição para a inocência** – Agatha Christie
786. **A extravagância do morto** – Agatha Christie
787.(13).**Cézanne** – Bernard Fauconnier
788. **A identidade Bourne** – Robert Ludlum
789. **Da tranquilidade da alma** – Sêneca
790. **Um artista da fome** *seguido de* **Na colônia penal e outras histórias** – Kafka
791. **Histórias de fantasmas** – Charles Dickens
792. **A louca de Maigret** – Simenon
793. **O amigo de infância de Maigret** – Simenon
794. **O revólver de Maigret** – Simenon
795. **A fuga do sr. Monde** – Simenon
796. **O Uraguai** – Basílio da Gama
797. **A mão misteriosa** – Agatha Christie
798. **Testemunha ocular do crime** – Agatha Christie
799. **Crepúsculo dos ídolos** – Friedrich Nietzsche
800. **Maigret e o negociante de vinhos** – Simenon
801. **Maigret e o mendigo** – Simenon
802. **O grande golpe** – Dashiell Hammett
803. **Humor barra pesada** – Nani
804. **Vinho** – Jean-François Gautier
805. **Egito Antigo** – Sophie Desplancques
806.(14).**Baudelaire** – Jean-Baptiste Baronian
807. **Caminho da sabedoria, caminho da paz** – Dalai Lama e Felizitas von Schönborn
808. **Senhor e servo e outras histórias** – Tolstói
809. **Os cadernos de Malte Laurids Brigge** – Rilke
810. **Dilbert (5)** – Scott Adams
811. **Big Sur** – Jack Kerouac
812. **Seguindo a correnteza** – Agatha Christie
813. **O álibi** – Sandra Brown
814. **Montanha-russa** – Martha Medeiros
815. **Coisas da vida** – Martha Medeiros
816. **A cantada infalível** *seguido de* **A mulher do centroavante** – David Coimbra
817. **Maigret e os crimes do cais** – Simenon
818. **Sinal vermelho** – Simenon
819. **Snoopy: Pausa para a soneca (9)** – Charles Schulz
820. **De pernas pro ar** – Eduardo Galeano
821. **Tragédias gregas** – Pascal Thiercy
822. **Existencialismo** – Jacques Colette
823. **Nietzsche** – Jean Granier
824. **Amar ou depender?** – Walter Riso
825. **Darmapada: A doutrina budista em versos**
826. **J'Accuse...! – a verdade em marcha** – Zola
827. **Os crimes ABC** – Agatha Christie
828. **Um gato entre os pombos** – Agatha Christie
829. **Maigret e o sumiço do sr. Charles** – Simenon
830. **Maigret e a morte do jogador** – Simenon
831. **Dicionário de teatro** – Luiz Paulo Vasconcellos
832. **Cartas extraviadas** – Martha Medeiros
833. **A longa viagem de prazer** – J. J. Morosoli
834. **Receitas fáceis** – J. A. Pinheiro Machado
835.(14).**Mais fatos & mitos** – Dr. Fernando Lucchese
836.(15).**Boa viagem!** – Dr. Fernando Lucchese
837. **Aline: Finalmente nua!!! (4)** – Adão Iturrusgarai
838. **Mônica tem uma novidade!** – Mauricio de Sousa
839. **Cebolinha em apuros!** – Mauricio de Sousa
840. **Sócios no crime** – Agatha Christie
841. **Bocas do tempo** – Eduardo Galeano
842. **Orgulho e preconceito** – Jane Austen
843. **Impressionismo** – Dominique Lobstein
844. **Escrita chinesa** – Viviane Alleton
845. **Paris: uma história** – Yvan Combeau
846.(15).**Van Gogh** – David Haziot
847. **Maigret e o corpo sem cabeça** – Simenon
848. **Portal do destino** – Agatha Christie
849. **O futuro de uma ilusão** – Freud
850. **O mal-estar na cultura** – Freud
851. **Maigret e o matador** – Simenon
852. **Maigret e o fantasma** – Simenon
853. **Um crime adormecido** – Agatha Christie
854. **Satori em Paris** – Jack Kerouac
855. **Medo e delírio em Las Vegas** – Hunter Thompson
856. **Um negócio fracassado e outros contos de humor** – Tchékhov
857. **Mônica está de férias!** – Mauricio de Sousa
858. **De quem é esse coelho?** – Mauricio de Sousa
859. **O burgomestre de Furnes** – Simenon
860. **O mistério Sittaford** – Agatha Christie
861. **Manhã transfigurada** – Luiz Antonio de Assis Brasil
862. **Alexandre, o Grande** – Pierre Briant
863. **Jesus** – Charles Perrot
864. **Islã** – Paul Balta
865. **Guerra da Secessão** – Farid Ameur
866. **Um rio que vem da Grécia** – Cláudio Moreno
867. **Maigret e os colegas americanos** – Simenon
868. **Assassinato na casa do pastor** – Agatha Christie
869. **Manual do líder** – Napoleão Bonaparte
870.(16).**Billie Holiday** – Sylvia Fol
871. **Bidu arrasando!** – Mauricio de Sousa
872. **Desventuras em família** – Mauricio de Sousa
873. **Liberty Bar** – Simenon

874. **E no final a morte** – Agatha Christie
875. **Guia prático do Português correto – vol. 4** – Cláudio Moreno
876. **Dilbert (6)** – Scott Adams
877(17). **Leonardo da Vinci** – Sophie Chauveau
878. **Bella Toscana** – Frances Mayes
879. **A arte da ficção** – David Lodge
880. **Striptiras (4)** – Laerte
881. **Skrotinhos** – Angeli
882. **Depois do funeral** – Agatha Christie
883. **Radicci 7** – Iotti
884. **Walden** – H. D. Thoreau
885. **Lincoln** – Allen C. Guelzo
886. **Primeira Guerra Mundial** – Michael Howard
887. **A linha de sombra** – Joseph Conrad
888. **O amor é um cão dos diabos** – Bukowski
889. **Maigret sai em viagem** – Simenon
890. **Despertar: uma vida de Buda** – Jack Kerouac
891(18). **Albert Einstein** – Laurent Seksik
892. **Hell's Angels** – Hunter Thompson
893. **Ausência na primavera** – Agatha Christie
894. **Dilbert (7)** – Scott Adams
895. **Ao sul de lugar nenhum** – Bukowski
896. **Maquiavel** – Quentin Skinner
897. **Sócrates** – C.C.W. Taylor
898. **A casa do canal** – Simenon
899. **O Natal de Poirot** – Agatha Christie
900. **As veias abertas da América Latina** – Eduardo Galeano
901. **Snoopy: Sempre alerta! (10)** – Charles Schulz
902. **Chico Bento: Plantando confusão** – Mauricio de Sousa
903. **Penadinho: Quem é morto sempre aparece** – Mauricio de Sousa
904. **A vida sexual da mulher feia** – Claudia Tajes
905. **100 segredos de liquidificador** – José Antonio Pinheiro Machado
906. **Sexo muito prazer 2** – Laura Meyer da Silva
907. **Os nascimentos** – Eduardo Galeano
908. **As caras e as máscaras** – Eduardo Galeano
909. **O século do vento** – Eduardo Galeano
910. **Poirot perde uma cliente** – Agatha Christie
911. **Cérebro** – Michael O'Shea
912. **O escaravelho de ouro e outras histórias** – Edgar Allan Poe
913. **Piadas para sempre (4)** – Visconde da Casa Verde
914. **100 receitas de massas light** – Helena Tonetto
915(19). **Oscar Wilde** – Daniel Salvatore Schiffer
916. **Uma breve história do mundo** – H. G. Wells
917. **A Casa do Penhasco** – Agatha Christie
918. **Maigret e o finado sr. Gallet** – Simenon
919. **John M. Keynes** – Bernard Gazier
920(20). **Virginia Woolf** – Alexandra Lemasson
921. **Peter e Wendy** *seguido de* **Peter Pan em Kensington Gardens** – J. M. Barrie
922. **Aline: numas de colegial (5)** – Adão Iturrusgarai
923. **Uma dose mortal** – Agatha Christie
924. **Os trabalhos de Hércules** – Agatha Christie
925. **Maigret na escola** – Simenon
926. **Kant** – Roger Scruton
927. **A inocência do Padre Brown** – G.K. Chesterton
928. **Casa Velha** – Machado de Assis
929. **Marcas de nascença** – Nancy Huston
930. **Aulete de bolso**
931. **Hora Zero** – Agatha Christie
932. **Morte na Mesopotâmia** – Agatha Christie
933. **Um crime na Holanda** – Simenon
934. **Nem te conto, João** – Dalton Trevisan
935. **As aventuras de Huckleberry Finn** – Mark Twain
936(21). **Marilyn Monroe** – Anne Plantagenet
937. **China moderna** – Rana Mitter
938. **Dinossauros** – David Norman
939. **Louca por homem** – Claudia Tajes
940. **Amores de alto risco** – Walter Riso
941. **Jogo de damas** – David Coimbra
942. **Filha é filha** – Agatha Christie
943. **M ou N?** – Agatha Christie
944. **Maigret se defende** – Simenon
945. **Bidu: diversão em dobro!** – Mauricio de Sousa
946. **Fogo** – Anaïs Nin
947. **Rum: diário de um jornalista bêbado** – Hunter Thompson
948. **Persuasão** – Jane Austen
949. **Lágrimas na chuva** – Sergio Faraco
950. **Mulheres** – Bukowski
951. **Um pressentimento funesto** – Agatha Christie
952. **Cartas na mesa** – Agatha Christie
953. **Maigret em Vichy** – Simenon
954. **O lobo do mar** – Jack London
955. **Os gatos** – Patricia Highsmith
956(22). **Jesus** – Christiane Rancé
957. **História da medicina** – William Bynum
958. **O Morro dos Ventos Uivantes** – Emily Brontë
959. **A filosofia na era trágica dos gregos** – Nietzsche
960. **Os treze problemas** – Agatha Christie
961. **A massagista japonesa** – Moacyr Scliar
962. **A taberna dos dois tostões** – Simenon
963. **Humor do miserê** – Nani
964. **Todo o mundo tem dúvida, inclusive você** – Édison de Oliveira
965. **A dama do Bar Nevada** – Sergio Faraco
966. **O Smurf Repórter** – Peyo
967. **O Bebê Smurf** – Peyo
968. **Maigret e os flamengos** – Simenon
969. **O psicopata americano** – Bret Easton Ellis
970. **Ensaios de amor** – Alain de Botton
971. **O grande Gatsby** – F. Scott Fitzgerald
972. **Por que não sou cristão** – Bertrand Russell
973. **A Casa Torta** – Agatha Christie
974. **Encontro com a morte** – Agatha Christie
975(23). **Rimbaud** – Jean-Baptiste Baronian
976. **Cartas na rua** – Bukowski
977. **Memória** – Jonathan K. Foster
978. **A abadia de Northanger** – Jane Austen
979. **As pernas de Úrsula** – Claudia Tajes
980. **Retrato inacabado** – Agatha Christie

981. **Solanin (1)** – Inio Asano
982. **Solanin (2)** – Inio Asano
983. **Aventuras de menino** – Mitsuru Adachi
984. (16).**Fatos & mitos sobre sua alimentação** – Dr. Fernando Lucchese
985. **Teoria quântica** – John Polkinghorne
986. **O eterno marido** – Fiódor Dostoiévski
987. **Um safado em Dublin** – J. P. Donleavy
988. **Mirinha** – Dalton Trevisan
989. **Akhenaton e Nefertiti** – Carmen Seganfredo e A. S. Franchini
990. **On the Road – o manuscrito original** – Jack Kerouac
991. **Relatividade** – Russell Stannard
992. **Abaixo de zero** – Bret Easton Ellis
993. (24).**Andy Warhol** – Mériam Korichi
994. **Maigret** – Simenon
995. **Os últimos casos de Miss Marple** – Agatha Christie
996. **Nico Demo** – Mauricio de Sousa
997. **Maigret e a mulher do ladrão** – Simenon
998. **Rousseau** – Robert Wokler
999. **Noite sem fim** – Agatha Christie
1000. **Diários de Andy Warhol (1)** – Editado por Pat Hackett
1001. **Diários de Andy Warhol (2)** – Editado por Pat Hackett
1002. **Cartier-Bresson: o olhar do século** – Pierre Assouline
1003. **As melhores histórias da mitologia: vol. 1** – A.S. Franchini e Carmen Seganfredo
1004. **As melhores histórias da mitologia: vol. 2** – A.S. Franchini e Carmen Seganfredo
1005. **Assassinato no beco** – Agatha Christie
1006. **Convite para um homicídio** – Agatha Christie
1007. **Um fracasso de Maigret** – Simenon
1008. **História da vida** – Michael J. Benton
1009. **Jung** – Anthony Stevens
1010. **Arsène Lupin, ladrão de casaca** – Maurice Leblanc
1011. **Dublinenses** – James Joyce
1012. **120 tirinhas da Turma da Mônica** – Mauricio de Sousa
1013. **Antologia poética** – Fernando Pessoa
1014. **A aventura de um cliente ilustre** *seguido de* **O último adeus de Sherlock Holmes** – Sir Arthur Conan Doyle
1015. **Cenas de Nova York** – Jack Kerouac
1016. **A corista** – Anton Tchékhov
1017. **O diabo** – Leon Tolstói
1018. **Fábulas chinesas** – Sérgio Capparelli e Márcia Schmaltz
1019. **O gato do Brasil** – Sir Arthur Conan Doyle
1020. **Missa do Galo** – Machado de Assis
1021. **O mistério de Marie Rogêt** – Edgar Allan Poe
1022. **A mulher mais linda da cidade** – Bukowski
1023. **O retrato** – Nicolai Gogol
1024. **O conflito** – Agatha Christie
1025. **Os primeiros casos de Poirot** – Agatha Christie
1026. **Maigret e o cliente de sábado** – Simenon
1027. (25).**Beethoven** – Bernard Fauconnier
1028. **Platão** – Julia Annas
1029. **Cleo e Daniel** – Roberto Freire
1030. **Til** – José de Alencar
1031. **Viagens na minha terra** – Almeida Garrett
1032. **Profissões para mulheres e outros artigos feministas** – Virginia Woolf
1033. **Mrs. Dalloway** – Virginia Woolf
1034. **O cão da morte** – Agatha Christie
1035. **Tragédia em três atos** – Agatha Christie
1036. **Maigret hesita** – Simenon
1037. **O fantasma da Ópera** – Gaston Leroux
1038. **Evolução** – Brian e Deborah Charlesworth
1039. **Medida por medida** – Shakespeare
1040. **Razão e sentimento** – Jane Austen
1041. **A obra-prima ignorada** *seguido de* **Um episódio durante o Terror** – Balzac
1042. **A fugitiva** – Anaïs Nin
1043. **As grandes histórias da mitologia greco-romana** – A. S. Franchini
1044. **O corno de si mesmo & outras historietas** - Marquês de Sade
1045. **Da felicidade** *seguido de* **Da vida retirada** – Sêneca
1046. **O horror em Red Hook e outras histórias** – H. P. Lovecraft
1047. **Noite em claro** – Martha Medeiros

SÉRIE BIOGRAFIAS L&PM POCKET:

Albert Einstein – Laurent Seksik
Andy Warhol – Mériam Korichi
Átila – Éric Deschodt / Prêmio "Coup de coeur en poche" 2006 (França)
Balzac – François Taillandier
Baudelaire – Jean-Baptiste Baronian
Beethoven – Bernard Fauconnier
Billie Holiday – Sylvia Fol
Cézanne – Bernard Fauconnier / Prêmio de biografia da cidade de Hossegor 2007 (França)
Freud – René Major e Chantal Talagrand
Gandhi – Christine Jordis / Prêmio do livro de história da cidade de Courbevoie 2008 (França)
Jesus – Christiane Rancé
Júlio César – Joël Schmidt
Kafka – Gérard-Georges Lemaire
Kerouac – Yves Buin
Leonardo da Vinci – Sophie Chauveau
Luís XVI – Bernard Vincent
Marilyn Monroe – Anne Plantagenet
Michelangelo – Nadine Sautel
Modigliani – Christian Parisot
Oscar Wilde – Daniel Salvatore Schiffer
Picasso – Gilles Plazy
Rimbaud – Jean-Baptiste Baronian
Shakespeare – Claude Mourthé
Van Gogh – David Haziot / Prêmio da Academia Francesa 2008
Virginia Woolf – Alexandra Lemasson

SÉRIE L&PM POCKET **PLUS**

24 horas na vida de uma mulher – Stefan Zweig
Alves & Cia. – Eça de Queiroz
À paz perpétua – Immanuel Kant
As melhores histórias de Sherlock Holmes – Arthur Conan Doyle
Bartleby, o escriturário – Herman Melville
Cartas a um jovem poeta – Rainer Maria Rilke
Cartas portuguesas – Mariana Alcoforado
Cartas do Yage – William Burroughs e Allen Ginsberg
Continhos galantes – Dalton Trevisan
Dr. Negro e outras histórias de terror – Arthur Conan Doyle
Esboço para uma teoria das emoções – Jean-Paul Sartre
Juventude – Joseph Conrad
Libelo contra a arte moderna – Salvador Dalí
Liberdade, liberdade – Millôr Fernandes e Flávio Rangel
Mulher no escuro – Dashiell Hammett
No que acredito – Bertrand Russell
Noites brancas – Fiódor Dostoiévski
O casamento do céu e do inferno – William Blake
O coronel Chabert seguido de A mulher abandonada – Balzac
O diamante do tamanho do Ritz – F. Scott Fitzgerald
O gato por dentro – William S. Burroughs
O juiz e seu carrasco – Friedrich Durrenmatt
O teatro do bem e do mal – Eduardo Galeano
O terceiro homem – Graham Greene
Poemas escolhidos – Emily Dickinson
Primeiro amor – Ivan Turguêniev
Senhor e servo e outras histórias – Tolstói
Sobre a brevidade da vida – Sêneca
Sobre a inspiração poética & Sobre a mentira – Platão
Sonetos para amar o amor – Luís Vaz de Camões
Trabalhos de amor perdidos – William Shakespeare
Tristessa – Jack Kerouac
Uma temporada no inferno – Arthur Rimbaud
Vathek – William Beckford

COLEÇÃO **64** PÁGINAS

LIVROS QUE CUSTAM SEMPRE R$ 5,00

DO TAMANHO DO SEU TEMPO. E DO SEU BOLSO

E-BOOKS R$ 3,00!

L&PM POCKET

IMPRESSÃO:

Pallotti
GRÁFICA EDITORA
IMAGEM DE QUALIDADE

Santa Maria - RS - Fone/Fax: (55) 3220.4500
www.pallotti.com.br